DES MAUX PRÉSENTS DE LA FRANCE

ET

DES REMÈDES A Y APPORTER

TROYES. — IMPRIMERIE DE J. BRUNARD, RUE URBAIN IV, 85

DES MAUX PRÉSENTS

DE

LA FRANCE

ET

DES REMÈDES A Y APPORTER

PAR TULLIUS PAULUS

Quomodo sedet sola civitas plena populo? facta est quasi vidua domina gentium : princeps provinciarum facta est sub tributo.

Comment cette ville, si pleine de peuple, est-elle maintenant si solitaire et si désolée? La maîtresse des nations est devenue comme une veuve. La reine des provinces a été assujettie à un honteux tribut.

THREN. I, 1.

Justitia elevat gentes; miseros autem populos facit peccatum.

La justice élève les empires et les rend florissants; le péché, au contraire, fait leur malheur.

PROV. XIV, 34.

TROYES
IMPRIMERIE DE J. BRUNARD
85, rue Urbain IV, 85

1871

A TOUTES LES AMES HONNÊTES

A TOUS LES ESPRITS DROITS

A TOUS LES COEURS QUI AIMENT SINCÈREMENT LA FRANCE

ET QUI VEULENT SÉRIEUSEMENT SON BONHEUR

A MESSIEURS LES REPRÉSENTANTS

MEMBRES DE L'ASSEMBLÉE NATIONALE

MESSIEURS,

Dans les circonstances éminemment critiques et douloureuses où se trouve la France, le devoir de tout bon citoyen est de se dévouer pour elle corps et âme.

Je suis trop âgé et trop faible pour que le sacrifice de mon corps puisse lui être utile, ce corps d'ailleurs ne m'appartient plus par suite d'engagements sacrés et irrévocables, contractés dans ma jeunesse. Mais j'ai cru pouvoir servir un peu ma chère patrie en confiant au papier et en livrant à la presse quelques réflexions SUR LES MAUX PRÉSENTS DE LA FRANCE ET SUR LES REMÈDES A Y APPORTER.

Et c'est ce modeste opuscule que je viens, Messieurs, vous offrir.

Vous tenez, Messieurs, le sort de la France entre vos mains. Elle est bien malade, cette pauvre

France!.... Sauvez-la. Elle est tombée bien bas!.... Relevez-la, en lui donnant un gouvernement sage, honnête et ferme, un gouvernement religieux, moral et économe, qui ferme les plaies du présent et qui jette les bases d'un avenir meilleur que les jours que nous traversons.

Agréez donc, Messieurs, l'hommage de ce livre où se trouvent peut-être quelques vérités utiles, quelques aperçus exacts et quelques bons conseils, et croyez au profond respect avec lequel j'ai l'honneur d'être, Messieurs,

Votre très humble serviteur,

TULLIUS PAULUS.

25 mars 1871.

AVANT-PROPOS

« *Que faire en un gîte à moins que l'on ne songe !* » a dit le fabuliste.

Porté par la nature de notre caractère, par nos goûts, nos habitudes et notre état aux idées, aux pensées et aux études sérieuses, nous avons, toute notre vie, observé attentivement et froidement les hommes et les choses de notre temps.

Plus que sexagénaire, nous avons atteint l'âge où l'homme a toute la raison et toute l'expérience dont il est individuellement capable.

Arrivé au mois de Février 1871, et témoin de tous les malheurs et de tous les désastres qui fondent, depuis plus de six mois, sur la France, nous avons cru devoir, pour utiliser notre temps, employer nos loisirs et servir, dans la mesure de nos moyens, notre chère et infortunée patrie, *réfléchir* attentivement sur ces malheurs et ces désastres, en rechercher les causes, et, si possible est, éclairer nos compatriotes et empêcher le retour des maux qui nous affligent.

Nous ne sommes pas un homme d'État ; nous ne sommes ni un politique ni un publiciste. Notre vie toute entière s'est passée pour sa première partie sous le toit d'un pauvre ouvrier, pour la seconde sous celui d'un séminaire, et pour la troisième, qui a été jusqu'ici de quarante et un ans, sous celui d'un presbytère. Nous n'avons donc pris part à aucun évènement important, nous n'avons point été élevé, hissé sur un grand théâtre, nous n'avons point rempli de fonctions brillantes ; mais nous avons toujours étudié, travaillé et réfléchi.

Et c'est le résultat de ces travaux, de ces études, de ces observations que nous allons consigner ici.

De nos jours la France et, en général, la société sont bien malades, et on peut bien dire d'elles, en prenant le langage d'un prophète, que de la tête aux pieds, il n'y a rien en elles qui soit sain (1).

Gouvernants et gouvernés, rois, empereurs et sujets, législateurs, fonctionnaires, bourgeois, classes ouvrières, lois et institutions, tout est dans une situation anormale et fausse, et dans des conditions essentiellement contraires à la vie et au bonheur des États ou des sociétés. Semblables à des édifices mal assis sur leurs fondements, les royaumes, les empires, les républiques, tous les États, en Orient comme en Occident, dans le nouveau comme dans l'ancien

(1) Is. I, 6.

monde, sont troublés et penchent vers leur ruine, comme parle le Roi-Prophète (1) ; tous menacent de croûler et de s'effondrer dans un abîme commun. Si, comme cela est incontestable, *les rois s'en vont*, si le prestige, l'éclat et la majesté de la royauté vont sans cesse s'affaiblissant, si la confiance des peuples dans leurs chefs va sans cesse en diminuant, si la défiance des masses à l'égard des souverains augmente de jour en jour ; si, partout, les lois et les constitutions politiques des nations se modifient dans un sens démocratique et hostile à la royauté, il est également incontestable que les nations elles-mêmes, les peuples ressemblent à des palais agités, ébranlés par un tremblement de terre et dont les poutres et les pierres se détachent les unes des autres. L'esprit de nationalité, l'amour sacré de la patrie, s'efface et s'éteint de plus en plus ; l'égoïsme, l'amour exclusif de soi-même l'a étouffé dans les cœurs. La guerre actuelle de la France avec l'Allemagne ne l'a que trop prouvé. C'est à rechercher les causes de ce malaise général, universel, que nous consacrons ce travail.

Puisse-t-il éclairer ceux qui le liront et par eux plusieurs de ceux qui ne le connaîtront pas !

Puisse-t-il faire comprendre à tous que dans leur marche la société en général et en particulier la France font fausse route, qu'elles vont à des abîmes où elles s'engloutiront, si Dieu n'y met la main, si sa bonté ne les arrête au bord du gouffre où elles vont se précipiter et au fond duquel elles trouveront une mort affreuse, épouvantable. Puisse ce livre

(1) *Conturbatæ sunt gentes et inclinata sunt regna.* Ps. XLV, 7.

ouvrir les yeux aux aveugles qui les ferment obstinément et les empêcher de périr par un horrible suicide ! Nous avons la confiance que sa lecture rendra évidente et palpable la vérité de cette maxime de nos Saintes Écritures : *la justice, la foi, la vertu élèvent les empires et les rendent florissants, tandis que le péché, le vice, l'erreur, l'impiété les abaissent et font leur malheur* (1).

Nous serons heureux et bien récompensés de nos travaux et de nos peines, si nous pouvons faire entrer et pénétrer cette conviction dans les esprits droits et sincères qui nous liront, et nous bénirons Dieu d'avoir pu en cela servir notre pays et contribuer à son bonheur.

Nous n'écrivons pas pour les athées, les impies, les incrédules qui se nomment de nos jours *Libres-penseurs* et qui rejettent toute révélation.

Nous partons, dans nos réflexions, de principes chrétiens qui sont pour nous sacrés, parce qu'ils sont à nos yeux la parole même de Dieu, de ce Dieu qui a dit : *le ciel et la terre passeront, mais mes paroles ne passeront pas* (2). Les impies de nos jours croient pouvoir se passer de Dieu dans leurs théories sociales. Nous croyons qu'ils tentent l'impossible ! et voilà pourquoi leur point de départ n'est pas le nôtre.

Nous divisons notre travail en deux parties : dans la première, qui se compose de vingt chapitres, nous posons les

(1) *Justitia elevat gentes, miseros autem populos facit peccatum.* PROV. XIV, 34.

(2) MATTH. XXIV, 35.

principes qui, selon nous, sont la base essentielle et la règle infaillible de tout bon gouvernement et hors desquels il n'y a point de salut pour la famille et la société.

Et dans la seconde partie, nous passons en revue la société tout entière depuis les pieds jusqu'à la tête; nous examinons ses plaies, nous en sondons la profondeur, nous en disons la cause et nous en indiquons le remède.

Puisse notre travail dessiller quelques yeux !

Puisse-t-il surtout amener quelques âmes pieuses à prier avec ferveur le Dieu qui *a fait les nations guérissables* (1) de guérir la nôtre, de guérir la France !

(1) Sap. I, 14.

PREMIÈRE PARTIE

I

DE LA SOCIÉTÉ EN GÉNÉRAL

SA DÉFINITION — SA NATURE

Qu'est-ce que la société en général, et quelle est sa nature.

Nous définissons la société en général, une réunion ou un assemblage d'êtres raisonnables et libres, unis entre eux par des liens naturels, des lois, des devoirs et des intérêts communs.

D'après cette définition, les arbres dont se compose une forêt, le bétail qui forme un troupeau, les poissons qui nagent dans les eaux, les oiseaux qui volent dans l'air, ne sont que des agglomérations d'êtres de même espèce, mais qui, n'ayant ni la raison ni la liberté, ne sauraient composer ce que nous appelons une *société*.

Mais les Anges, dans le ciel, forment une société, parce qu'ils sont intelligents et libres.

Sur la terre, les hommes seuls, entre tous les autres êtres dont elle est couverte, peuvent former une société, parce que seuls ils sont intelligents et libres, tous les autres obéissant nécessairement aux lois du Créateur et vivants conformément à la loi qu'ils ont reçue de *Lui*.

On voit par notre définition que la société, telle que nous l'entendons, consiste spécialement et surtout dans l'union des volontés, des esprits et des cœurs.

On ne forme pas précisément une société parce qu'on foule et cultive le même sol, parce qu'on respire le même air, parce qu'on vit sous la même zône, parce qu'on se coudoie dans les même rues, dans les mêmes chemins; mais on forme une société quand on n'a, comme il est dit des premiers chrétiens, avec ses compatriotes, qu'un cœur et qu'une âme (1), quand on aime tous le même pays, la même patrie, quand on s'aime les uns les autres, quand on a les mêmes vues, les mêmes aspirations, quand on tend au même but, par les mêmes moyens et qu'on parle le même langage.

D'où il suit que la société est bien plus spirituelle et morale que matérielle, et qu'elle consiste bien plus dans les sentiments du cœur que dans les besoins physiques.

D'où dérive cette conséquence que les gouvernants, chefs et mandataires de toute société humaine, doivent

(1) Act. IV, 32.

avant tout songer aux intérêts moraux des société qu'ils régissent ou administrent; que les âmes doivent leur être bien plus chères que les corps et qu'ils doivent avoir bien plus à cœur de faire fleurir les vertus, d'élever les âmes, de purifier les mœurs et d'inspirer à tous de nobles sentiments de piété, de justice, d'amour de la patrie, de respect pour les personnes et les propriétés, que d'avoir sur pied de nombreuses armées d'équiper des flottes formidables, de remplir leurs arsenaux de munitions de tout genre, de creuser des canaux, d'entretenir les routes, etc., etc.; en un mot, le soin des grands intérêts moraux doit avoir bien plus de place dans leurs préoccupations, dans leur sollicitude, que les besoins matériels, *l'âme,* dit le Maître, *étant bien plus que le corps,* et les besoins de la première bien plus pressants que ceux du second (1) et d'un ordre bien supérieur. Craignez, dit encore la Sagesse incarnée, craignez peu ce qui tue seulement le corps; mais craignez et redoutez beaucoup ce qui peut perdre l'âme (2).

(1) *Nonne anima plena plus est quàm esca?* MATTH. VI, 25.
(2) MATTH. X, 28.

II

DES BASES OU FONDEMENTS DE LA SOCIÉTÉ

On compare justement une société en particulier ou la société en général à un édifice dont toutes les parties, toutes les pierres sont étroitement unies les unes aux autres par le cîment et d'autres liens encore.

Or, à tout édifice, tant soit peu solide et durable, il faut une base solide aussi. Un édifice sans fondations ou dont les fondements sont mal assis ne peut avoir qu'une durée éphémère. Bâtir sur le sable mouvant, c'est bâtir en insensé, c'est l'œuvre d'un fou, c'est vouer son œuvre à une ruine qui suivra de près, peut-être même devancera l'achèvement de l'édifice.

Or, quelle est la base naturelle, nécessaire, indispensable de toute société humaine? Nous n'hésitons pas à le dire : c'est la foi, c'est l'espérance en Dieu; ce sont la craînte et l'amour de Dieu, ce sont les dogmes sacrés de l'immortalité de l'âme, d'un jugement après la mort et d'une vie sans fin, heureuse pour les justes et les bons, malheureuse pour les méchants, en un mot, ce sont les principes religieux et les dogmes surnaturels; et Rousseau lui-même l'a reconnu et proclamé quand il a dit : *Jamais État ne fut fondé que la religion ne lui servit de base.* Pourquoi cela? si ce n'est parce que, comme nous l'avons dit, les croyances religieuses sont le fondement essentiel et absolument nécessaire de toute société et par conséquent de toute nation et de toute législation politique.

Il suit de là que l'auguste et adorable nom de Dieu doit être écrit, gravé dans les fondements de toute société humaine, comme il l'est dans les fondements de la Jérusalem céleste et de la société des Anges et des Élus, et qu'il doit-être mis en tête de toutes les chartes ou constitutions ; que prétendre élever, former une société sans donner ce fondement à son œuvre, c'est bâtir dans le vide.

Il a donc été bien insensé, l'avocat qui a dit : *La loi est athée, et doit l'être.*

Si une loi, si une législation est athée, elle est mauvaise, parce qu'elle est impie et qu'il n'est pas plus permis à une loi, à une législation d'être impie que cela n'est permis à un homme. Il y a plus : si un homme est athée, il peut l'être pour lui seul et à son seul préjudice ; et quand une loi est athée, elle communique, elle infiltre nécessairement l'athéisme dans toutes les veines du corps social.

En outre, si la loi doit être athée, le gouvernement

devra aussi l'être, les législateurs, les magistrats, les juges, toutes les classes devront l'être ; l'éducation, la morale, la politique, tout devra l'être, et par les mêmes raisons et en vertu des mêmes motifs que la loi.

Or, Voltaire lui-même, oui, Voltaire, a proclamé qu'une société athée ne saurait subsister. L'athéisme est donc à ses yeux un poison et un dissolvant mortel pour les sociétés. Donc l'athéisme ou la croyance aux dogmes divins est la condition essentielle, la condition *sine qua non* de toute société.

De son côté, Napoléon Ier a dit qu'un peuple d'athées, s'il était possihle, ne saurait être gouverné que par le canon, c'est-à-dire par la force la plus brutale qu'il y ait au monde.

Les croyances religieuses, la piété sont donc la base et le lien de toute société, comme l'athéisme et l'impiété en sont le dissolvant le plus actif et le plus pernicieux.

Il suit de là que plus une société est imbue et pénétrée des croyances religieuses, de la crainte et de l'amour de Dieu, plus une constitution et une législation en sont pour ainsi dire imprégnées, plus cette société est forte et solide; et qu'au contraire, plus le sentiment religieux est faible, plus cette société est vacillante et cette constitution imparfaite, chancelante et débile.

III

DU POUVOIR DANS LA SOCIÉTÉ

De même qu'il n'est pas possible à une société d'exister sans une base fondamentale qui est la foi en Dieu et le respect de ce Dieu, Auteur, Source et Principe de toutes choses, de même il ne lui est pas possible d'exister sans un Pouvoir. N'y eût-il que deux individus associés l'un à l'autre, il faudrait nécessairement que l'un des deux eût quelque autorité sur l'autre, pût commander à l'autre.

L'égalité complète, absolue entre tous les membres d'une même société est une chimère et une stupidité. C'est un rêve insensé et une utopie digne de Charenton on des *Petites-Maisons*.

Conçoit-on qu'une armée puisse n'être composée que de soldats, une flotte que de matelots? L'ordre et le bien-être sont-ils possibles dans la famille sans l'autorité du père et de la mère sur leurs enfants? Et Dieu n'a-t-il pas assujetti lui-même la femme à l'homme et donné à celui-ci pouvoir et autorité sur celle-là (1).

Il est donc indispensable à la société que, dans son sein, les uns commandent et que les autres obéissent, que les uns ordonnent et que les autres exécutent, que les uns dirigent et gouvernent, et que les autres se laissent diriger et gouverner.

Qu'on fasse autant de théories, qu'on bâtisse autant de systêmes qu'on voudra, on n'échappera pas à cette loi, à cette nécessité; et toute société se divisera toujours et partout en deux classes dont l'une exerce un pouvoir et l'autre s'y soumet.

Or, quelle est l'origine du pouvoir et où prend-il sa source?

Nous pourrions dire qu'il naît de la nécessité même des choses et qu'il a son principe dans les besoins essentiels de la société.

Mais nous serons plus dans le vrai en disant, conformément à l'enseignement divin, que toute puissance de l'homme sur l'homme a son origine en Dieu (2); que tout pouvoir ici-bas est une émanation du souverain pouvoir de Dieu; d'où dérive cette conséquence, tirée par Dieu lui-même, que *résister au pouvoir légitime et juste, c'est résister à Dieu même,* se révolter contre Dieu même (3).

Le pouvoir, en tant que droit de commander, ne tire

(1) Genes. III, 16.
(2) Rom. IX, 13.
(3) Ibid. XIII, 2.

donc pas sa source des institutions humaines, des lois, des conventions des hommes entre eux, mais il a sa racine en Dieu lui-même. *C'est par moi*, dit le Seignenr, *que les rois règnent* (1).

Et combien cette doctrine ne rend-elle pas le pouvoir plus auguste, plus sacré et plus respectable que ne le font les principes philosophiques ! D'après ces théories de la sagesse humaine, l'homme obéit à l'homme, à son frère, à son égal par nature. Au contraire, en vertu des principes sacrés, l'homme n'obéit qu'à Dieu, ne relève que de Dieu et n'est soumis qu'à Dieu, dont il voit l'image dans tout dépositaire du pouvoir, quel qu'il soit.

De là ces préceptes divins : *Que toute âme soit soumise aux puissances ou autorités supérieures, car il n'y a point de puissance qui ne vienne de Dieu et toutes les puissances de la terre sont ordonnées de Dieu. Celui donc qui résiste anx puissances, résiste à l'ordre établi par Dieu lui-même, et ceux qui résistent, qui désobéissent, attirent sur eux la condamnation* (2).

Serviteurs, soyez soumis à vos maîtres, non seulement à ceux qui sont bons et doux, mais même à ceux qui sont fâcheux et difficiles à servir, car le mérite consiste à souffrir par un motif d'amour pour Dieu (3).

Le prince est le ministre de Dieu pour le bien,

(1) Prov. VIII, 15.
(2) Rom. XIII, 2.
(3) I Petr. II, 18.

l'exécuteur de sa justice; il faut donc lui être soumis, non seulement par la crainte, mais aussi par principe de conscience (1).

Que les femmes soient soumises à leurs maris comme à Dieu (2).

Enfin, tout le monde connaît cette solennelle parole de Dieu lui-même, parole que nous avons déjà citée : *c'est par moi que règnent les rois,* les princes, les puissants et tous les juges de la terre, *c'est par moi que les législateurs font des lois* (3).

Or, remarquons que l'éternelle Sagesse ne fait point de distinction entre le pouvoir légitimement acquis et le pouvoir usurpé ; entre le pouvoir despotique, abusif, et le pouvoir sage et tempéré.

Dieu donne ou laisse prendre le pouvoir à qui il veut, quand il veut et comme il veut. Il est Juge des successions légitimes et des usurpations, et il rendra à chacun selon ses œuvres.

Mais du moment où le pouvoir est arrivé par tel ou tel moyen, entre telles ou telles mains, ce pouvoir oblige. Il a droit au respect et à la soumission.

Ce n'est certes pas là consacrer *la théorie des faits accomplis. Les faits accomplis* sont bons ou mauvais en eux-mêmes. Ils sont ou non contraires aux éternels principes de l'ordre, de la justice et de l'équité. Mais, encore une fois, quand le pouvoir est en certaines

(1) I Rom. XIII, 4.
(2) Eph. V, 22.
(3) Prov. VIII, 15-16.

mains, quelle que soit la voie par laquelle il y est parvenu, il doit y être respecté et obéi.

Et qu'on ne vienne pas dire que cette doctrine touchant la soumission au pouvoir est bonne pour des esclaves et qu'elle avilit l'homme; car nous répondrions que c'est la seule théorie qui annoblisse l'obéissance, attendu que, d'après elle, ce n'est jamais à aucun homme ni à aucune créature, mais à Dieu seul, à Dieu, Roi des rois, Maître des maîtres et Seigneur des seigneurs, que nous obéissons. Or, obéir à Dieu, c'est régner (1).

(1) *Servire Deo regnare est.*

IV

DES DÉPOSITAIRES DU POUVOIR

Si, comme nous l'avons établi dans le paragraphe précédent, tout pouvoir vient de Dieu, il s'en suit évidemment que tout dépositaire du pouvoir, à quelque titre, à quelque degré que ce soit, est le lieutenant et le représentant de Dieu, ou selon la belle expression de saint Paul *un ministre de Dieu pour le bien* (1).

Or, si la doctrine chrétienne élève et annoblit tant le pouvoir en lui-même que d'en faire une émanation du souverain pouvoir de Dieu, par là même elle élève et annoblit tout dépositaire du pouvoir jusqu'à en faire l'associé et, pour ainsi dire, l'adjoint de Dieu dans le gouvernement du monde moral.

Au ciel, dans le magnifique royaume de ces choses que l'œil de l'homme mortel n'a jamais vues et dont on

(1) Rom. XIII, 4.

ne connaît quelques détails que par la révélation, Dieu veut bien associer au gouvernement de sa divine Providence des Anges ou Esprits purs dont il fait ses ministres et auxquels il donne pour le servir, pour exécuter ses ordres, pour notifier ses volontés à telles ou telles créatures, la rapidité des vents et l'activité du feu (1).

Sur la terre, Dieu pourrait, aussi bien qu'au ciel, tout conduire par lui-même, tout régler, tout gouverner par lui-même : mais il a voulu faire intervenir les hommes et se les associer dans le gouvernement de la société humaine. Il a voulu partager avec eux sa souveraine royauté, sa suprême autorité.

De là la parole citée plus haut : *toutes les puissances de la terre sont ordonnées de Dieu* (2). Et cette autre : *le prince est le ministre de Dieu pour le bien* (3).

De là aussi le commandement que Dieu fait si souvent aux inférieurs, aux subordonnés d'obéir aux supérieurs, de les respecter et d'honorer toujours en eux le pouvoir dont ils sont investis.

Honorez le roi, dit saint Pierre, *soyez soumis, pour l'amour de Dieu, à toutes sortes de personnes, soit au roi comme au souverain, au chef de l'État, soit aux gouverneurs, comme à des hommes envoyés par lui pour punir les méchants et pour récompenser les bons* (4). *Mon fils,* dit de son côté le sage, *crains*

(1) Ps. CII, 11 et Ps. CIII, 4.
(2) Rom. IX, 13.
(3) Rom. XIII, 4.
(4) I Petr. II, 13, 14, 17.

Dieu et le roi et ne te mêle pas avec les novateurs (1). (De nos jours on dirait avec les révolutionnaires.)

Ne médisez pas du roi même dans votre pensée, est-il écrit au livre de l'Ecclésiaste (2) ; et dans l'Exode, Dieu lui-même dit à chaque Israélite : *Tu ne parleras point mal des juges et ne maudiras point le prince de ton peuple* (3).

Mais de là aussi le devoir pour *tous ceux qui sont au pouvoir* (4) de se respecter eux-mêmes, de se regarder comme les ministres et les lieutenants de Dieu, de n'user de leur pouvoir que selon Dieu, conformément à ses lois et *pour le bien,* comme dit saint Paul.

Écoutons sur ce point le Législateur par excellence : *Celui qui sera le plus grand d'entre vous,* dit-il, *sera votre serviteur* (5) ; *Vous savez que les princes des nations les dominent... Il n'en sera pas ainsi parmi vous ; mais que celui qui voudra être le plus grand entre vous soit votre serviteur* (6). Or, n'est-ce pas là la plus belle et la plus noble théorie du pouvoir dans son origine et dans son but, dans son principe et dans sa fin, dans sa nature et son usage ?

Et si tous les fonctionnaires, si tous les gouvernants, du haut en bas de l'échelle sociale, si tous les inférieurs

(1) Prov. XXIV, 21.
(2) X, 20.
(3) XXII, 28.
(4) *Omnibus qui in sublimitate sunt.* I Tim. II, 2.
(5) Matth. XXIII, 11.
(6) Ibid. XX, 25.

étaient imbus, pénétrés de ces maximes, si tous avaient cette idée de la puissance qu'ils exercent, des fonctions qu'ils remplissent et de l'autorité dont ils sont revêtus, les verrait-on aussi souvent et en tant de façons oublier la nature et la fin de leur pouvoir, l'altérer, le corrompre, le pervertir et le dénaturer par leurs propres passions, par l'orgueil, par le mépris des autres, par la soif des dignités, par la cupidité, par l'injustice, par la tyrannie exercée sur les petits et les faibles, au profit des grands et des forts?

Verrait-on dans les subordonnés, dans les classes inférieures tant de haine contre l'autorité, tant d'esprit d'indépendance et d'insubordination, tant de défiance et tant de précautions contre l'abus, les écarts et les malversations du pouvoir?

Et, d'un autre côté, si le peuple, si les masses regardaient le pouvoir avec les yeux de la foi; si elles l'envisageaient selon l'idée qu'en donne l'enseignement religieux, l'enseignement chrétien, seraient-elles, comme elles le sont, sans cesse agitées, tourmentées par le vent des révolutions? Ne donneraient-elles ou ne laisseraient-elles prendre le pouvoir que pour attaquer sans cesse, pour blâmer, pour dénigrer, pour accuser, pour renverser ceux qui en ont été revêtus, pour abattre le lendemain les idoles devant lesquelles elles se prosternaient la veille, briser le lendemain les trônes élevés la veille, déchirer le lendemain les chartes et constitutions élaborées la veille?

Non, non, mille fois non! et la révélation avec l'enseignement divin donne la seule vraie, la seule sage théorie du pouvoir. Elle seule le divinise dans ceux qui le possèdent et le rend auguste, vénérable et sacré aux yeux de ceux sur lesquels et pour lesquels il s'exerce. Elle seule peut donc établir l'union et la paix entre les grands et les petits, entre les peuples et les rois, entre les supérieurs et les inférieurs.

V

DE L'ÉGALITÉ

Nous l'avons dit : l'égalité entière, absolue, complète dans la constitution sociale est une rêverie insensée, une chimère et une absurdité.

L'inégalité est partout dans l'œuvre du Créateur. Il a peuplé le ciel d'Anges ou Esprits purs divisés en neuf chœurs dont les uns sont supérieurs aux autres, plus parfaits, plus glorieux que les autres.

Les astres du firmament sont bien loin d'avoir tous le même volume, le même éclat, la même chaleur, la même vitesse, les mêmes fonctions (1). Sur la terre, tous les animaux ont-ils les mêmes qualités, tous les arbres la même hauteur, toutes les fleurs les mêmes parfums, tous les fruits la même saveur, tous les oiseaux le même plumage, tous les fleuves le même parcours,

(1) *Alia claritas solis, alia claritas lunæ et alia claritas stellarum. Stella enim a stella differt in claritate.* 1. Cor. XV, 41.

tous les climats la même température, toutes les terres la même fécondité?

Parmi les hommes, tous n'ayant pas le même âge, la même force, la même santé, la même intelligence, les mêmes aptitudes, les mêmes dispositions à la vertu et au bien, les mêmes penchants au mal, il résulte de là une inégalité naturelle qui amène nécessairement une inégalité dans leurs œuvres, dans leurs succès, dans leurs capacités.

De là nécessairement aussi des inégalités dans la société, de là des supérieurs et des inférieurs, des chefs et des subordonnés. De là la soumission et l'obéissance des seconds aux premiers.

L'inégalité est dans la nature même des choses et il faut être fou pour ne la pas voir; il faut être fou pour ériger en principe et en dogme social l'égalité absolue des hommes.

La société est une échelle dont les degrés sont élevés les uns au-dessus des autres ; et rien au monde ne pourra jamais changer cet état de choses qui est l'œuvre même du Créateur; et c'est être insensé que de prétendre pouvoir faire passer le niveau sur la société et en faire disparaître toute espèce de hiérarchie Aussi l'auteur divin de la grande famille humaine s'écrie-t-il : Serviteurs, inférieurs, obéissez à vos maîtres, à ceux qui sont au-dessus de vous et soyez-leur soumis (1).

Et cette soumission, cette subordination résulte évidemment de la nature même des choses.

(1) HEBR. XIII, 17.

Un homme n'est supérieur à un autre que parce que le premier a quelque chose, possède quelque avantage naturel ou acquis, physique, intellectuel ou moral, de droit ou de convention, que n'a pas l'autre. Il apporte donc à la société une plus grande somme d'intelligence, de science, d'expérience, de force, de richesse, qui tourne et contribue au bien général, à l'avantage de tous. N'est-il pas juste, d'après cela, que celui qui a moins soit soumis à celui qui a plus et reconnaissant envers lui ?

La prétention à une égalité absolue est donc une injustice, une ingratitude en même temps qu'une violation de l'ordre.

Elle est aussi fille de l'orgueil qui non seulement ne peut souffrir aucune hauteur, qui s'élève au-dessus de lui-même, mais qui s'exhalte et se déifie dans sa propre pensée et qui dit : *Je monterai, et je serai l'égal de Dieu lui-même* (1). Oui, l'orgueil humain va jusque-là. L'homme qui s'élève au-dessus de ses semblables s'élève bientôt jusqu'à Dieu même, et se fait Dieu dans sa pensée ; et voilà, pour le dire en passant, pourquoi et comment les *indépendants*, vulgairement appelés *républicains*, sont généralement, et à trop peu d'exceptions près, impies et en état d'insurrection contre Dieu même.

La justice, l'équité, la gratitude, la modestie, font donc un devoir impérieux à ceux qui ont moins d'être subordonnés à ceux qui ont plus.

Tel est l'ordre voulu et établi de Dieu, et c'est le cas

(2) Is. XIV, 14.

de répéter ce que nous avons déjà dit, que quiconque résiste à la supériorité, à la prééminence, à la puissance résiste à l'ordre dont Dieu même est l'auteur et dont la violation a pour effet le trouble, la désorganisation et la perturbation sociale.

VI

DE LA LIBERTÉ EN GÉNÉRAL

Nous avons, dès la première page de ce livre, défini la société, une réunion ou un assemblage d'êtres raisonnables et *libres*.

Or, qu'est-ce que la liberté, et que faut-il entendre par ce mot?

La liberté est la faculté de remplir volontairement, selon les lois du Créateur, la mission que chaque être a à remplir en ce monde et de tendre à la fin pour laquelle chacun de nous y est mis.

Parmi les créatures, les seules intelligences sont douées de liberté, parce que seules elles peuvent en faire un usage raisonnable, sage et conforme aux vues du Créateur.

Dans les hauteurs des cieux visibles, les astres ne sont pas libres : ils obéissent aveuglément et nécessairement à la direction, au mouvement que leur a imprimé, dès le commencement, la main du Créateur. Ils suivent fatalement la route qui leur a été tracée ou demeurent forcément immobiles à la place qui leur a été assignée.

Pareillement les nuages obéissent, dans l'air, à l'impulsion du vent, comme sur la terre les fleuves et les rivières suivent la pente du lit qui les renferme, comme les animaux obéissent aux lois de leur instinct, les plantes à celles de leur végétation, en un mot, toutes les créatures non raisonnables aux lois constitutives de leur nature, et accomplissent de concert et invariablement, leur destination providentielle.

Mais l'homme ayant, lui, l'intelligence, a aussi la liberté.

Dieu lui dit en le créant, ou plutôt en le mettant au monde : « Tu es libre : fais le bien ou le mal ; va à « droite ou à gauche ; obéis ou désobéis, comme il te « plaira ! Seulement tu recevras selon tes œuvres, la « récompense si tu fais bien, le châtiment si tu fais « mal. Mais, encore une fois, tu es maître de toi- « même et de tes œuvres. Voici la vie ou la mort, la « bénédiction ou la malédiction, choisis et prends ce « que tu voudras (1). »

De là la liberté donnée à l'homme, bel apanage, noble présent, glorieux privilège avec lequel il peut plaire à son Dieu, gagner ses bonnes grâces, obtenir ses faveurs et recevoir de lui d'éternelles récompenses, mais avec lequel aussi il peut se fourvoyer, s'égarer et

(1) Deut. II, 26.

se perdre, offenser son Auteur, encourir sa disgrâce et s'attirer une éternelle réprobation.

Or, c'est parce que les uns usent bien et conformément aux lois de Dieu des priviléges dont nous parlons, et que les autres en usent mal et contrairement aux volontés du Créateur qu'il y a dans le monde du bien et du mal, des vertus et des vices, des bons et des méchants.

On n'est bon, juste, sage, vertueux et honnête que par l'usage légitime de sa liberté ou de son libre arbitre ; et on n'est méchant, vicieux, pervers et prévaricateur, que par l'abus ou le mauvais usage de sa liberté.

D'où il suit que dans la société on ne saurait laisser trop de liberté aux bons qui n'en abuseront pas, tant qu'ils seront bons, et qu'on doit sans cesse surveiller l'usage qu'en font les méchants, afin de la leur restreindre ou même de la leur ôter s'ils en abusent pour nuire aux autres, troubler la société ; en un mot, faire le mal.

L'ordre, la vertu, le bien, voilà la vie des sociétés. Le mal, le désordre, le vice, voilà leurs maladies et leur mort.

Donc les chefs des nations et tous ceux qui y ont quelque pouvoir doivent en user pour empêcher et réprimer le mal. Ce n'est qu'à cette condition qu'ils sont, comme nous l'avons dit, *ministres de Dieu pour le bien ;* ce n'est qu'en agissant ainsi qu'ils s'acquitteront bien du mandat qu'ils auront reçu de Dieu même et de la société.

Qu'on ne l'oublie pas : l'homme actuel, l'homme tel qu'il est à présent est un être tombé, avili, dégradé, porté naturellement au mal par l'effet d'une chûte originelle qui a ouvert son âme aux plus mauvais penchants, aux instincts les plus pervers.

Il faut donc que la société dans le sein de laquelle il vit, veille à ce qu'il ne cède pas à l'entraînement au mal ; il faut que, autant que possible, elle l'empêche de s'écarter de la bonne voie et de prendre la mauvaise.

Que les Apôtres de la liberté sans limites crient, de nos jours, tant qu'ils voudront contre la liberté restreinte ! toujours il sera vrai de dire que l'homme est et sera jusqu'à la fin, c'est-à-dire dans tous les temps, un enfant plus ou moins âgé des mains duquel il faut retirer le couteau qui pourrait le blesser, qu'il faut éloigner des brasiers ou des puits dans lesquels il pourrait tomber ; aussi la théorie de la liberté illimitée est aussi absurde, aussi folle, aussi impraticable que celle de l'égalité absolue. Donnez, oui, donnez toute la liberté possible pour le bien. Mais donnez en aussi le moins possible pour le mal. Voilà, en deux mots, la seule vraie théorie sur ce chapitre.

Nous savons bien qu'on nous demandera ici ce que nous entendons par bien et par mal. Et nous répondrons simplement et sans entrer dans des digressions futiles que ce qui est bien c'est ce qui est conforme à la révélation, aux lois de Dieu et que ce qui est mal c'est ce qui est contraire à cette révélation et à ces lois.

Et la preuve qu'il en est ainsi, c'est que les hommes d'ordre, ceux qu'on appelle les honnêtes gens, ceux qui ne font pas à autrui ce qu'ils ne voudraient pas qu'on leur fît à eux-mêmes ont, généralement parlant, toujours assez de liberté, rarement ils se plaignent de n'en avoir pas assez, tandis que cette plainte sort toujours de la bouche des méchants, des ennemis de l'ordre, de la paix et du repos public, en un mot de ceux qui appellent liberté la licence, c'est-à-dire la faculté de faire tout le mal que leur inspirent leurs instincts pervers et leurs cœurs dépravés. Voilà, oui, voilà la liberté que rêvent et que veulent les méchants.

VII

DE LA LIBERTÉ DE LA PENSÉE, DE LA PAROLE ET DE LA PRESSE

Dieu ayant, comme nous l'avons dit dans le chapitre précédent, donné à l'homme la liberté, cette liberté s'exerce surtout dans sa pensée, dans son intelligence. Car elle ne rencontre pas là les entraves, les obstacles et les difficultés que rencontrent les actions. La pensée ne relève que de Dieu, que de celui qui sonde les reins et les cœurs (1), et qui connaît toutes les pensées des hommes (2). Son œil seul lit dans les âmes, dans les consciences et y voit ce qui s'y passe.

L'homme peut donc penser ce qu'il veut et comme il veut. Sous ce rapport, sa liberté est pleine et entière. Rien ne l'entrave, rien ne la gêne. L'esprit est libre de concevoir, de nourrir et d'entretenir les pensées les

(1) Ps. VII, 10. Apoc. II, 23.
(2) Ps. XCIII, 11.

plus diverses et les plus opposées. Il peut préméditer le bien comme le mal, avoir des pensées justes, des pensées saines, des pensées droites, des pensées sages et des pensées perverses, impies, abominables.

S'en suit-il de là qu'il soit indifférent à Dieu que l'homme pense bien ou mal, que ses pensées soient équitables ou qu'elles soient criminelles, pieuses ou impies, chastes ou licencieuses? Non sans doute, car celui qui a donné des lois aux actions des hommes, en a donné à leurs pensées qui sont les actes et les opérations de leur intelligence et comme la semence dont les œuvres sont le fruit.

La pensée est donc un acte essentiellement libre de notre intelligence, mais en même temps un acte réglé par Celui qui veut l'ordre, l'équité, la justice dans les pensées comme dans les actions ; et nos pensées ne sont pas plus indépendantes que nos actions de ses suprêmes lois. Et si elles échappent à la connaissance et au jugement des hommes, elles n'échappent pas de même à l'œil et au jugement de Dieu qui regarde spécialement le cœur (1).

Que si ce Dieu, tout en laissant l'homme libre de penser ce qu'il veut et comme il veut, réglemente cependant ses pensées, il en est de même *a fortiori* de ses paroles.

La parole, qui n'est autre chose que la pensée parlée et communiquée à d'autres, la pensée révélée, est libre comme la pensée, mais dans le même sens, c'est-à-

(1) I Reg. XVI, 7.

dire que si, d'un côté, l'homme dit ce qu'il veut, de l'autre Dieu donne des lois à la parole aussi bien qu'à la pensée.

Il n'est donc pas plus permis à l'homme de parler mal qu'il ne lui est permis de penser mal, et la langue et les lèvres de l'homme ne sont pas plus indépendantes que son esprit, que son cœur; et c'est une impiété autant qu'une folie aux indépendants de dire : nos lèvres sont à nous! qui donc a droit de leur imposer des lois (1).

Il y a plus : les mauvaises pensées restant à l'état de pensées et demeurant, comme le feu sous la cendre, dans le secret de l'âme, au fond du cœur, ne peuvent nuire qu'à celui qui les conçoit volontairement, qui s'en nourrit, qui s'en repaît, tandis que les mauvaises paroles nuisent à ceux qui les entendent.

Dieu doit donc être plus sévère pour les paroles, pour les discours que pour les simples pensées ; et, de son côté, la société qui ne peut ni connaître ni punir les mauvaises pensées doit, dans son intérêt, se mettre en garde contre les mauvaises paroles et parfois les réprimer et les punir, car une mauvaise parole fait souvent plus de mal qu'un coup d'épée, et la langue (une langue méchante, coupable et prévaricatrice) est, dit un apôtre, un poison désastreux dans le société (2).

De là pour les dépositaires du pouvoir, pour tous ceux auxquels incombe la tâche de veiller aux intérêts

(1) *Labia nostra a nobis sunt! quis noster Dominus est?* Ps. XI, 5.
(2) Jacob. III, 8.

de la société l'impérieux devoir de veiller à ce que l'homme n'abuse pas de la parole pour pervertir les âmes, les consciences et les mœurs, pour troubler l'ordre public, pour diffamer et calomnier ses semblables, pour ébranler les principes qui sont la base et le fondement des sociétés. De là pour la société, non-seulement le droit, mais encore le devoir de réglementer l'usage de la parole et d'en empêcher, d'en réprimer et d'en punir les abus.

Et ce que nous venons de dire de la parole, il faut le dire de la presse, des livres, des journaux, etc., qui ne sont que la parole écrite et imprimée.

Demander donc et vouloir la liberté illimitée et l'indépendance complète, absolue de la presse, c'est demander, c'est vouloir une chose évidemment pernicieuse et souverainement désastreuse pour la société. Quoi ! dirons-nous à ces aveugles utopistes, quoi ! vous réglementez la vente des poisons qui tuent le corps, et vous voulez qu'il soit permis à tous de tuer les âmes et de gâter et de corrompre les cœurs ! vous ne voulez pas qu'il soit libre et facultatif à chacun d'empoisonner son semblable et de lui ôter la vie par l'opium et l'arsénic, et vous voulez que chacun puisse à son gré et selon sa fantaisie donner la mort aux âmes ? Vous avez des lois, des réglements, des officiers, des inspecteurs de la salubrité publique contre tout ce qui peut porter atteinte et nuire à la vie animale, à la vie matérielle, et vous n'en voulez pas contre la contagion morale que peut répandre la mauvaise presse, la presse impie, licencieuse et ennemie de l'ordre, de la paix et des droits les plus sacrés ! Ah ! laissez-nous vous dire que vous êtes des homicides, des assassins, de ceux dont le grand Maître a dit : il serait bon qu'ils ne fussent jamais nés ou qu'aussitôt leur naissance on leur eût mis une pierre au cou et qu'on les eût jetés à l'eau, comme on y jette des animaux inutiles ou nuisibles (1).

(1) Matth. 18-6. Marc. 9-41.

VIII

DE LA LIBERTÉ DE RÉUNION ET D'ASSOCIATION

Que l'homme ait naturellement le droit de se réunir et de s'associer à quelques-uns de ses semblables pour confondre leurs intérêts et marcher par la même voie, par les mêmes sentiers vers un but commun, c'est ce qui est évident, incontestable.

L'homme abandonné à ses seules forces et à ses seuls moyens, l'homme isolé est faible et la faiblesse même. « Malheur, s'écrie le sage, à celui qui est seul, car s'il « vient à tomber, qui le relèvera (1)? » S'il est attaqué, continuerons-nous, qui le défendra? S'il s'égare, qui le ramènera dans son chemin? S'il chancelle, qui le soutiendra? L'union, a-t-on dit, fait la force (2).

(1) Eccle. IV, 10.
(2) *Vis unita fortior.*

Trois fils sont plus forts qu'un et il n'est pas aisé de les rompre, dit le sage (1).

De là le besoin et souvent même la nécessité de la réunion et de l'association.

Mais comme tous les actes, cette association de l'homme avec l'homme doit être pour le bien *in bonum*. Ses moyens et son but doivent être honnêtes, légitimes et sages, c'est-à-dire conforme aux lois divines et aux intérêts généraux de la société.

De là aussi le droit de surveillance de cette même société sur toutes les réunions et associations qui se forment dans son sein. Elle a non-seulement le droit, mais même le devoir de veiller à ce que rien ne se dise, ne se projette, ne se prépare et ne se fasse dans ces réunions ou associations qui soit contraire à l'ordre, à la justice, à la piété, à la vertu. Si elle ne le fait pas, elle manque à son devoir, elle néglige et compromet ses propres intérêts, et souvent elle se suicide elle-même.

Toute société secrète est une société dangereuse, hostile et malfaisante. Celui qui veut faire le mal haït et fuit la lumière, dit l'éternelle Sagesse, et il se dérobe et se soustrait à son éclat pour que ses œuvres ne soient pas vues, pas connues ; mais celui qui fait bien et dont les œuvres sont conformes à la justice et à la vérité, celui-là ne craint pas la lumière, il la recherche même, afin que ses œuvres soient manifestées au grand jour (2).

(1) Eccle. IV, 12.
(2) Joan. III, 20.

Toute société secrète est donc et doit donc être une société suspecte. Un bon gouvernement ne doit pas la tolérer, sous peine de voir la société sapée et minée par sa base.

Eh quoi, dirons-nous à nos législateurs, faiseurs de constitutions, élaborateurs de chartes et rédacteurs de codes, vous donnez au pouvoir le droit de surveillance sur les associations commerciales, financières, industrielles, dont le fonds ou trésor commun consiste en capitaux ; elles ne peuvent avoir d'existence légale qu'autant que le pouvoir les autorise à être, à vivre et à fonctionner ; et vous croirez devoir donner liberté pleine et entière aux réunions et sociétés où l'impiété, la licence et l'esprit révolutionnaire se donnent carte blanche pour attaquer les éternels principes de l'ordre et de la morale, pour agiter les esprits, menacer sans cesse les institutions sociales. Vous croirez devoir arrêter, saisir une bande de brigands qui attentent à la vie et à la bourse de leurs semblables, et vous ne vous croyez pas en droit d'empêcher ces associations, ces réunions clandestines ou publiques, où les blasphêmes les plus impies et les plus audacieux outragent le ciel, où les théories les plus subversives de tout ordre, de toute justice, de toute morale se produisent avec éclat, s'exposent avec fracas, égarent les esprits et corrompent les cœurs !

C'est ainsi qu'on voit toujours, toujours le zèle des intérêts matériels et jamais, jamais celui des intérêts religieux et moraux ; c'est ainsi que les gouvernements très-attentifs à empêcher ou à punir ce qui met en péril leur pouvoir ne font que trop bon marché des intérets les plus sacrés des peuples, c'est-à-dire de la morale et de la religion.

IX

DE DEUX DIFFÉRENTES FORMES DE GOUVERNEMENT : LA MONARCHIE ET LA RÉPUBLIQUE, — ET D'ABORD DE LA MONARCHIE.

Tout le monde sait que, comme le mot lui-même l'indique, on appelle *Monarchie* le gouvernement de tous par un seul dont les pouvoirs sont plus ou moins limités, plus ou moins absolus.

La Monarchie peut-être héréditaire ou élective.

Elle est héréditaire quand elle est comme la propriété d'une famille et qu'elle passe du père aux enfants et même du frère au frère ou aux plus proches parents du monarque défunt comme un bien patrimonial.

La Monarchie est élective quand la couronne est

donnée à un seul par plusieurs ou par tous pour un temps déterminé ou pour la vie.

Les partisans de la Monarchie (Empire ou Royauté) voient le type de la Monarchie en Dieu même, suprême et unique Maître du monde, dont la Providence et la Sagesse gouvernent tout dans les siècles des siècles.

Sur la terre on trouve l'origine et le principe du pouvoir monarchique dans la famille, les chef des premières familles, appelés *Patriarches,* ayant été les premiers roïs dans le sein de leur nombreuse famille.

La grande famille humaine ne tarda pas beaucoup après le déluge (si déjà elle ne l'avait pas fait avant) à se fractionner et à se diviser, et plusieurs de ces fractions ou divisions se donnèrent un chef unique et suprême, ou bien souffrirent qu'un seul s'emparât par la ruse ou par la force du souverain pouvoir et soumit les autres à son sceptre, à son autorité.

On a dit :

« Le premier qui fut roi fut un soldat heureux ! » Et, en effet, le premier roi dont parle l'Ecriture est Nemrod, grand chasseur, homme fort, audacieux et habile à manier les armes.

Les Hébreux dont Dieu lui-même fut le grand Législateur, quand il fit d'eux un peuple à part, une nation, les Hébreux furent d'abord constitués non pas en Monarchie mais en République, puisque leurs chefs, appelés d'abord *Anciens* puis *Juges*, n'avaient point une autorité absolue et ne transmettaient pas de droit leur pouvoir à leurs descendants.

Nous voyons même dans l'histoire de Samuel, que celui-ci ayant établi ses enfants pour juges d'Israël, et l'avarice de ces enfants leur ayant fait rendre des jugements iniques, le peuple mécontent se sentit porté à demander et demanda en effet un roi comme en avaient les autres nations.

Mais nous y lisons aussi que cette demande ne fut point agréable à Dieu, qui fit voir à Samuel les conséquences qu'aurait, pour le peuple lui-même, un changement de gouvernement. « Allez, dit-il à Samuel, et « faites bien comprendre au peuple quel sera le droit « du roi et ce qu'il se croira permis, quand il sera en « possession du souverain pouvoir : Il prendra arbi- « trairement vos fils pour conduire ses chariots ; il s'en « fera des gens de cheval et il les fera courir devant « son char... Il se fera de vos filles des parfumeuses, « des cuisinières et des boulangères. Il prendra aussi « ce qu'il y aura de meilleur dans vos champs, dans « vos vignes et dans vos plants d'oliviers... Il vous fera « payer la dîme de vos blés et du revenu de vos vignes « pour avoir de quoi donner à ses eunuques et à ses « officiers. Il prendra vos serviteurs, vos servantes et « les jeunes gens les plus forts avec vos ânes, et il les « fera travailler pour lui. Il prendra aussi la dîme de « vos troupeaux et vous serez ses serviteurs. Vous « crierez alors contre votre roi que vous aurez élu, que « vous vous serez donné, et le Seigneur ne vous exau-

« cera point, parce que c'est vous-même qui avez de-
« mandé d'avoir un roi (1). »

N'est-il pas évident, d'après cette citation, que Dieu lui-même n'est pas très-favorable à la royauté ? N'est-il pas évident qu'il en énumère avec une sorte de complaisance les abus pour en dégoûter les Juifs et les faire renoncer à cette forme de gouvernement et au désir qu'ils témoignaient de l'adopter ?

La Monarchie n'est donc pas nécessairement la forme de gouvernement qui a le plus les sympathies de Dieu. Car, dans le cas présent, il cède comme malgré lui, comme à regret, au vœu et à la demande des Hébreux, et par l'énumération prolongée, détaillée, qu'il fait, des abus de la Royauté, il fait, comme on dit vulgairement, *ce qu'il peut* pour détourner les Hébreux de vouloir établir chez eux cette forme de gouvernement.

Mais les Juifs persistant, le Seigneur cède à leur désir comme souvent un père cède en quelque sorte à contre-cœur aux volontés d'un enfant insensé et ignorant de ce qui est bon et mauvais, avantageux ou nuisible.

Cependant, malgré les abus incontestables du pouvoir monarchique, la Royauté est la forme de gouvernement qui a généralement prévalu dans le monde.

Presque tous les peuples, à peu d'exceptions près, ont préféré cette forme à toute autre, et beaucoup de ceux qui ont été momentanément en République ont abandonné cette forme pour l'autre, soit volontairement,

(1) 1 Reg. VIII.

soit par l'effet de l'usurpation du pouvoir absolu ou monarchique par des citoyens ambitieux, entreprenants et hardis. tels que Périclès, Auguste, Napoléon Ier et Napoléon III.

X

DE LA MONARCHIE OU ROYAUTÉ

(SUITE)

Malgré les imperfections inhérentes à la Monarchie, malgré les vices et les crimes qui ont si souvent souillé les trônes, malgré les énormes et monstrueux abus de pouvoir dont bien des souverains se sont rendus coupables, malgré l'ineptie, la corruption ou la scélératesse dont plusieurs d'entre eux ont fait preuve dans tous les temps et dans toutes les Monarchies, la Royauté héréditaire est encore pour quiconque a lu et étudié l'histoire des peuples, la forme de gouvernement qui offre le plus de chances de stabilité, de paix et de bonheur pour les nations.

Sans doute les rois peuvent abuser et n'ont que trop souvent abusé de leur autorité pour opprimer, pour corrompre, pour ruiner leurs peuples, pour assouvir leurs passions, leur orgueil, leur ambition et les autres convoitises.

Mais le droit de succession à la couronne ou la Monarchie héréditaire prévient l'ambition des aspirants au pouvoir souverain. L'héritier présomptif de la couronne reçoit généralement une éducation et une instruction en rapport avec ses hautes destinées. Des maîtres capables lui enseignent l'art si difficile de régner. Il est de son intérêt personnel et de celui de sa famille et de ses descendants qu'il gouverne sagement pour ne pas s'exposer à perdre sa couronne pour lui et pour sa postérité.

La Royauté héréditaire donne à celui auquel elle appartient une auréole de dignité, de majesté, que ne donne point un pouvoir électif et temporaire. La Royauté héréditaire élève la famille dont elle est l'apanage à un degré supérieur dans l'estime, le respect et la considération des peuples et des rois étrangers. Elle peut donner lieu et souvent elle donne lieu à des alliances utiles et profitables à la nation.

Elle permet dans les rois un esprit de suite, un accord, un ensemble d'idées, d'entreprises, de vues, qui peut singulièrement contribuer à la grandeur, à la puissance, à la gloire et au bonheur du peuple.

Sans doute (et nous l'avons reconnu et proclamé) la Monarchie absolue a ses dangers et ses inconvénients. Mais toutes les institutions humaines, quelles qu'elles soient, ont comme l'homme lui-même, leur côté faible ; toutes se ressentent de l'imperfection de l'homme.

Il est bien vrai (et l'histoire n'en offre que trop d'exemples !) il est bien vrai qu'un homme peut abuser étrangement du pouvoir absolu. Mais empêchez-le autant que possible d'abuser. Rendez-le despotisme et la tyrannie impossible. Par une constitution sage, donnez-lui tout pouvoir pour le bien et ôtez-lui toute puissance pour le mal.

Donnez lui de sages conseillers qui puissent l'arrêter s'il veut entrer dans une mauvaise voie, l'éclairer s'il se trompe, le soutenir s'il chancelle, l'avertir s'il s'égare, le réprimer s'il abuse. Donnez-lui des conseillers sages, éclairés, honnêtes ; des conseillers qui ne soient pas achetés par le pouvoir et vendus au pouvoir ; des conseillers qui ne soient ni des courtisans, ni des flatteurs, ni des hommes d'opposition systématique, d'opposition *quand même*. Des hommes qui ne soient pas les ennemis nés d'une institution qu'ils doivent appuyer, diriger et non détruire, non renverser.

Vous aurez de cette sorte une Monarchie tempérée qui est bien certainement le meilleur des gouvernements.

Nous ne dirons rien ici de la Monarchie élective, à vie ou temporaire, et qui n'est, en réalité, qu'une République déguisée, quelque nom que l'on donne au gouvernement qui a adopté cette forme et à l'homme revêtu du souverain pouvoir.

Dans la Monarchie héréditaire le pouvoir réside dans le roi. Dans la Monarchie élective il réside dans le peuple ou dans la fraction du peuple qui choisit le roi et lui confère la souveraine autorité.

XI

DE LA RÉPUBLIQUE

La République est cette forme de gouvernement où le peuple est souverain et délègue ou transmet par lui-même ou par des représentants choisis et désignés par lui la plus grande part du pouvoir à un homme, à un citoyen, et cela pour un temps plus ou moins long, mais sans se désaisir lui-même du pouvoir radical qu'il garde et qu'il conserve avec la faculté de retirer, quand bon lui semble ou à des époques fixes et déterminées, le haut mandat qu'il a donné, le pouvoir qu'il a conféré. La République dans son sens le plus large est l'administration des biens ou intérêts de tous par tous.

Assurément, un tel gouvernement est beau en théorie ; il flatte l'orgueil, la vanité de chacun. Tout citoyen est un petit roi, pour ne pas dire un autre mot ; tout citoyen possède une partie, quelques fois infiniment petite (comme en Amérique), de la souveraineté. Mais cela suffit souvent à l'amour-propre. Une République ne connaît pas les charges souvent si écrasantes que la Royauté impose à une nation. Le despotisme, l'arbitraire, la tyrannie, la corruption par le pouvoir, les malversations financières, les dilapidations, les guerres injustes et ruineuses sont beaucoup plus à craindre dans une Monarchie que dans une République, quoique bien des Républiques aient connu ces abus et les aient souvent vus se produire dans leur sein.

Mais, généralement parlant, elles s'y prêtent moins que la Monarchie.

L'égalité de tous est encore dans les Républiques un joujou bien tentant, bien flatteur, bien attrayant pour les masses.

Enfin, la faculté de retirer le pouvoir suprême au premier fonctionnaire s'il en abuse ou s'il n'en use pas selon les vues de la masse, la faculté de le mettre même en jugement et de lui faire rendre un compte sévère de sa gestion est encore un droit qui chatouille bien agréablement l'orgueil de l'homme toujours porté à voir d'un mauvais œil toute hauteur qui s'élève au-dessus de lui.

Mais si la République présente quelques avantages plus spécieux que réels, combien, d'un autre côté, n'a-t-elle pas d'inconvénients? Ce genre de gouvernement n'est-il pas de sa nature beaucoup moins stable et beaucoup plus mobile que les Monarchies? N'ouvre-t-il pas une porte bien plus grande aux ambitieux et aux révolutionnaires? N'est-il pas moins favorable aux lettres et aux arts? Ne porte-t-il pas en lui-même, surtout dans un grand État, des éléments certains de dissolution, de décomposition? Et pour ne parler ici que de la France, convient-il à notre nature et à notre caractère?

Voilà déjà trois fois en moins d'un siècle que l'on en fait l'essai chez nous.

Quels fruits y a produits la première République, qui a eu pour agents, pour ministres principaux, Robespierre, Marat, Danton, Collot-d'Herbois, Fouquier-Tainville, Saint-Just, Carrier de Nantes, Jourdan Coupe-Têtes, Fréron fils et mille autres monstres aussi dignes d'exécration que ceux-ci.

La seconde République n'a-t-elle pas eu ses sanglantes journées de Juin et la majorité des suffrages n'a-t-elle pas approuvé Louis-Napoléon Bonaparte de l'avoir escamotée comme son oncle avait fait de la première?

Nous ne disons rien de la troisième, sinon qu'au moment où nous écrivons ceci (le 13 février 1871), sa durée est très-éventuelle et très-problématique, et que les masses sont loin de lui être sympathiques.

La République, il faut le dire, est l'idole d'un petit nombre. La majorité n'en veut pas et l'appelle *la ruine publique*.

La Républqiue, d'ailleurs, demanderait des vertus que ses plus ardents partisans sont loin de posséder tous.

Ces vertus sont l'honnêteté, la probité, le désintéressement, le détachement des honneurs, de l'argent et des places lucratives, la modestie, la bonté de cœur, la simplicité de mœurs, l'équité, la justice, etc.

Or, malheureusement pour la République, un trop grand nombre de ses apôtres et de ses zélateurs sont des hommes ruinés, tarés, sans probité, sans honneur; des hommes violents, orgueilleux, avides d'honneurs et d'argent, ne voyant dans leur idole qu'un marchepied pour parvenir aux hauts emplois et aux gros traitements.

Ah! qui nous donnera des républicains comme Aristide et Epaminondas chez les Grecs, comme Publius Valerius, Publicola, Menenius Agrippa, Cincinnatus, Fabricius, les Scipions et Cicéron chez les Romains, comme Franklin et Washington en Amérique? Hélas! cette espèce de républicains est comme plusieurs espèces d'animaux fossiles et ante-diluviens : elle n'existe plus.

Renverser ceux qui sont au pouvoir pour se mettre en leur lieu et place et toucher leurs appointements, courir les sous-préfectures, les préfectures, les *recettes particulières et générales*, les présidences des tribunaux, les inspections d'académies, les professorats bien rétribués, comme, dans leurs loisirs, ces messieurs (nous devrions dire ces *citoyens*) courent le chevreuil, le lièvre et la perdrix, voilà le but réel, mais non avoué, de leur ardeur républicaine et du zèle qu'ils déploient pour le triomphe de leur cause et de leur parti.

Et la preuve, c'est qu'arrivés au pouvoir, ils se jettent avidemment sur les places les plus lucratives et montrent dans ces places une hauteur, une arrogance, une négligence, une incurie, une avidité et une incapacité souvent plus grandes que ne l'étaient la hauteur, la fierté, l'arrogance, la négligence, l'incurie, l'avidité et l'incapacité de ceux auxquels ils ont dit : *Ote-toi de la! que je m'y mette!*

Nous serait-il permis de dire ici que celui qui écrit ces pages, enthousiasmé dans sa jeunesse par l'*Histoire ancienne* et l'*Histoire romaine* de Rollin, par les discours des Barnave, des Vergniaud, des Guadet, des Gensonné dans l'histoire de notre première république par Lacretelle, aimait d'instinct cette forme de gouvernement. Aussi la salua-t-il, malgré l'antipathie qu'il avait pour son aînée, avec une franche cordialité. Mais quand il vit autour du char de la nouvelle déesse une masse aussi peu digne que celle qui lui faisait cortége, quand il vit son char entouré de tant d'hommes méprisables et justement méprisés, les places envahies, occupées par tant d'hommes incapables et n'ayant d'autre titre à ces emplois que leur républicanisme plus ou moins sincère, plus ou moins frelaté, il s'écria : *Vive la République! mais à bas les républicains!*

Ce sont les hommes qui font les gouvernements et non pas les gouvernements qui font les hommes. Donnez-nous donc des hommes sages et honnêtes et nous aurons toujours, quels que soient sa forme et son nom un bon gouvernément, tandis que avec des hommes turbulents, passionnés, sans frein, dissolus dans leurs mœurs, tout gouvernement sera toujours mauvais, quelque nom qu'on lui donne, quelque forme qu'il revête.

XII

DU SUFFRAGE UNIVERSEL ET DU SUFFAGE RESTREINT

On appelle *suffrage* l'expression ou la manifestation de la pensée, de la volonté ou des vœux d'un nombre plus ou moins grand d'individus appelés à délibérer et à donner leur avis sur telle ou telle forme de gouvernement, sur la paix ou la guerre et sur tels ou tels candidats à des fonctions publiques, à des postes importants ; en un mot, sur des points capitaux qui intéressent à un haut degré la chose publique, le bonheur de la nation et la sage administration de la société.

Le suffrage est dit *universel* quand il est accordé, à peu d'exceptions près, par tous les citoyens.

On comprend qu'il ne saurait être absolument universel et que l'on ne pourrait pas, qu'on ne devrait pas accorder cet honorable privilége à des indignes (et il y en a toujours) et à des incapables.

La loi ôte ordinairement le droit de suffrage aux citoyens qui ont été flétris par des condamnations infamantes, pour des délits qualifiés crimes. Elle ne l'accorde pas aux fous, aux aliénés, aux idiots, dont la démence ou l'incapacité intellectuelle est notoire et régulièrement prouvée.

Mais nous n'entrerons pas ici dans le détail de tous les cas d'exclusion qui privent du droit de suffrage. Ce détail serait trop long et d'ailleurs inutile.

Qu'il nous suffise de dire que le suffrage ne peut-être que moralement et non mathématiquement universel.

On nomme suffrage restreint ou partiel celui qui n'est accordé qu'à certains classes de la société, qu'à certains individus qui se trouvent dans des conditions déterminées d'âge, de fortune, de science, d'intelligence, de rang, etc.

La République de 48 a donné à la France le suffrage universel pour la reconnaître et l'adopter elle-même ou la rejeter, pour l'élection du président et des représentants.

L'Empire, qui l'a supplantée, a conservé ce système gouvernemental et en a usé souvent comme chacun sait.

Enfin, la République de 1870-1871 l'a maintenu et elle vient de l'appliquer le 8 février 1871 pour l'élection des représentants de la France à l'Assemblée nationale, qui doit traiter de la paix ou de la guerre, de la cessation ou de la continuation des hostilités désastreuses qui désolent la France depuis déja sept mois.

Maintenant disons notre avis sur le suffrage populaire, universel ou restreint.

Et d'abord, qu'est-ce que le suffrage politique en général et considéré en lui-même, abstraction faite, de son plus ou moins d'extension, d'universalité ? Le suffrage, le vote est un acte d'intelligence, de probité, d'impartialité, de patriotisme et de discernement; c'est un jugement et celui qui vote est un juge.

Or, quelles sont les qualités exigées dans un juge et dans un jugement? N'est-ce pas que le juge soit éclairé, judicieux, intègre, impartial, incorruptible et ferme, et que le jugement soit sage, juste et inspiré par la droiture et l'équité, qu'il ne se sente en rien de la passion ni de la corruption?

Or, nous le demandons : tous ceux auxquels vous accordez par le suffrage universel le privilége du vote, tous ceux que vous admettez à prononcer leur jugement dans les circonstances solennelles, tous ceux dont vous demandez l'avis sur les grandes affaires de l'État ou l'opinion sur les hauts mandataires de la nation, sur le chef du gouvernement et sur sa conduite, sur les représentants, leur honorabilité, leur mérite, leur valeur intellectuelle et morale, ainsi que sur leurs sentiments religieux et politiques, etc., sur les conseillers généraux, les conseillers municipaux ou ceux d'arrondissement; tous ces électeurs, tous ces votants des villes et des campagnes ont-ils ce qu'il faut pour prononcer, pour voter sagement et en connaissance de cause? Sont-ils tous instruits et éclairés suffisamment? Sont-ils tous honnêtes, honorables et intègres? Ne sont-ils inspirés dans leur choix et dans leur vote que par l'amour sincère de la patrie, du pays? Sont-ils libres, indépendants? N'obéissent-ils pas à une pression quelconque? Ne sont-ils pas séduits, trompés et égarés par des hommes de partis, par des agitateurs, des factieux, des égoïstes, des hommes prêts à tout sacrifier à leurs folles théories, à leur intérêt et à leur ambition, des hommes qui ne disent pas : *nous voulons ce que veut la France*, mais : *il faut que la France veuille ce que nous voulons!*

Et, d'un autre côté, le pouvoir n'exerce-t-il pas sur ce suffrage une déplorable pression? Lui laisse-t-il sa liberté et son indépendance? N'exige-t-il pas des fonctionnaires un vote servile, un vote obséquieux, un vote de complaisance. Ne force-t-il pas ses agents à voter selon ses vues et non selon leur conscience?

Ah! sans doute on a dit : *vox populi, vox Dei*, la voix du peuple est la voix de Dieu. Mais c'est quand le peuple est religieux, moral et éclairé, quand il est mu et inspiré par de sages doctrines; quand il ne sert pas d'instrument à des passions mauvaises, à des hommes turbulents, fauteurs de désordres, sans honneur et sans probité!

Or, est-ce là toujours l'état du peuple? a-t-il toujours l'intelligence, les lumières, la sagesse, nécessaires pour voter sagement? Est-il inaccessible à leur séduction ? Et les ennemis de la société ne travaillent-ils pas sans cesse à l'égarer, à le corrompre ?

Et peut-on, dans cette situation, regarder sa volonté, sa voix comme l'expression de la volonté de Dieu, et n'est-ce pas plutôt le cas de s'écrier : *Le nombre des insensés est incalculable* (1).

Aussi entend-on de toutes parts demander l'abolition du suffrage universel. Les honnêtes gens, ceux qui possèdent parce qu'ils sont laborieux et économes, parce qu'ils sont tempérants, ne voient partout qu'avec regret les destinées de la France remises entre les mains de ce qu'un grand homme d'Etat a appelé *la vile multitude,* et qui se compose de ces gens bien trop nombreux qui n'ayant rien, ne possédant rien, parce qu'ils ne savent rien gagner ou rien conserver, parce qu'ils sont paresseux ou gourmands, n'ont rien à risquer, rien à perdre et ne désirent rien tant que des révolutions *pour y pêcher,* comme on dit, *en eau trouble.*

N'est-il pas vrai (et tous les lieux n'en offrent-ils pas la preuve à toutes les élections), n'est-il pas vrai que, pour une partie trop nombreuse de la population, c'est dans les cabarets que se préparent les élections, que le vin et l'eau-de-vie, la bouteille et la goutte obtiennent et paient d'innombrables suffrages ? N'est-il pas vrai que bien des électeurs se donnent au plus offrant et qu'il y a souvent au profit des hommes les moins dignes du suffrage de leurs concitoyens des ligues contre les hommes les plus dignes de ce suffrage.

(1) *Stultorum infinitus est numerus.* ECCLE. I, 15.

Ah ! avant de mettre à tous une pareille arme entre les mains, apprenez donc à tous à en faire un bon usage et à bien s'en servir. Avant de donner à tous le droit de se prononcer sur les grandes questions, les grandes affaires et les hommes éminents, ayez un peuple qui ne sache pas seulement lire et écrire, mais qui ait des principes d'ordre, de morale et de religion.

Jusque-là, le suffrage universel sera un couteau dans la main d'un enfant en bas âge, une torche dans la main d'un insensé et d'un fou.

XIII

DES LÉGISLATEURS, PAIRS OU SÉNATEURS, DÉPUTÉS OU REPRÉSENTANTS

Un des actes les plus ordinaires et les plus importants du suffrage populaire dans nos sociétés modernes et dans ce qu'on appelle les *Monarchies constitutionnelles,* c'est le choix ou l'élection des représentants appelés à faire les constitutions ou chartes, à adopter. modifier, conserver ou détruire telle ou telle forme de gouvernement, faire les lois que les circonstances rendent nécessaires, voter les fonds et en surveiller l'emploi, prononcer sur les questions de paix et de gnerre, examiner les traités d'alliance et de commerce, établir les impôts, etc., etc.

Or, quoique nous soyions loin d'avoir dit tout ce que renferme le mandat de législateur, soit que ce mandat soit donné à des hommes choisis par le pouvoir tels que les pairs ou sénateurs, soit qu'il le soit par le libre suffrage de la nation comme celui des représentants ou députés, toujours est-il que cette fonction, que ce mandat est de la plus haute importance.

Ceux qui l'ont reçu soit du pouvoir soit du peuple, doivent avant tout se regarder comme étant de ceux dont il est dit : C'est par moi que les législateurs font de sages décrets et élaborent de justes lois (1). Qu'il se considèrent donc comme des secrétaires de Dieu même et des échos de sa pensée et de sa volonté. C'est donc dans les livres sacrés, c'est dans les Ecritures où est le dépôt vénéré des oracles divins qu'il faut aller chercher, puiser l'esprit dont les lois humaines doivent être imprégnées, pénétrées. C'est là et là seulement qu'on trouvera la justice et la sagesse qui doivent en être l'âme, le suc et la moëlle.

C'est en Dieu, en Dieu même, c'est dans le ciel que les législateurs doivent aller chercher leur esprit et leurs inspirations. Et s'ils veulent que leurs lois soient justes, sages, vénérables et respectées, il faut que comme Moïse, ils paraissent les avoir reçues de Dieu et les avoir élaborées dans de mystérieux entretiens avec la Divinité. Les hommes ont besoin de voir dans les lois quelque chose de divin, quelque reflet de l'Eternelle et infinie Sagesse.

Voilà pourquoi Dieu voulut que les Hébreux, avant de recevoir des mains de Moïse les tables de la loi,

(1) Prov. VIII, 15.

sûssent qu'il était lui-même, Lui, le Seigneur, l'auteur de cette loi.

Numa comprit cette vérité quand il fit croire aux Romains que les lois qu'il leur donna lui étaient inspirées par une divinité. Mahomet persuada aussi à ses disciples et à ses sectateurs que l'Esprit-Saint lui-même venait, sous forme de colombe, lui dicter le Coran.

Nous savons bien qu'en se donnant comme inspirés, Numa et Mahomet étaient des imposteurs. Nous savons également que nos libres-penseurs qualifient du même titre le législateur hébreu. Mais sans nous arrêter ici à démontrer comment Moïse disait vrai en attribuant à Dieu le Décalogue et comment Numa et Mahomet mentaient en assignant la même origine à leurs lois, qu'il nous suffise d'établir par ces trois faits le besoin qu'ont les hommes de regarder les lois comme ayant un caractère sacré et un reflet divin.

Les législateurs, quelque soit leur nom, devraient donc, dans l'accomplissement de leur mandat, dans la rédaction de leurs lois, ne pas rompre avec le ciel, ne pas se détacher de Dieu, mais au contraire, ils devraient être pénétrés de cette parole qui donne à leur mission, à leurs fonctions, tant de grandeur, de dignité et de noblesse : *c'est par moi que les législateurs font des lois sages.*

Nos anciennes chambres paraissaient sentir et comprendre cette vérité, quand, à l'ouverture des sessions, elles commençaient leur travaux par un acte religieux et en appelant sur elles les bénédictions du ciel.

On a, depuis longtemps, mis cet usage de côté. Nos chambres et leurs lois y ont-elles beaucoup gagné ? Le passé l'a fait voir et le présent le montre tous les jours.

Et quel rayonnement auguste ne jaillit pas de cette doctrine sur la personne même des législateurs ! Ah ! la foi agrandit tout, annoblit tout, tandis que l'impiété et l'incrédulité rapetissent tout, abaissent tout, avilissent tout. C'est la chenille qui salit et empoisonne de son venin tout ce qu'elle touche.

XIV

DES ROIS OU EMPEREURS

Quoi que nous ayons déjà parlé des rois ou empereurs dans notre chapitre IV, cependant nous croyons devoir consacrer un paragraphe spécial à ceux qui sous le titre de rois ou d'empereurs occupent le plus haut degré de l'échelle sociale et sont au premier rang de la hiérarchie civile.

On les appelle *la seconde majesté,* la première étant Dieu lui-même, Roi du ciel et de la terre, du temps et de l'éternité.

La révélation nous fait voir dans les rois ou empereurs des images, des lieutenants et des représentants de Dieu.

Aussi, d'après les notions que nous donnent de la royauté les divines Écritures, la personne des rois est inviolable et sacrée.

David, qui le peut, ne veut pas porter la main sur Saül son ennemi, sur Saül qui le poursuit et a tenté plusieurs fois de lui donner la mort (1). Il maudit le mont de Gelboé qui avait vu périr ce même Saül et punit le soldat qui l'avait aidé à se tuer (2).

Le sage nous défend même de penser mal du roi (3), et Jésus-Christ nous ordonne de rendre à César ce qui appartient à César (4), et nous avons entendu le premier de ses apôtres nous dire : Soyez donc soumis au roi comme au premier dignitaire (5). Craignez Dieu et honorez le roi (6).

Mais si ce titre, si cette dignité impose à leurs sujets, au peuple des devoirs envers les rois, ils en ont aussi, eux, à remplir envers leurs subordonnés. Qu'il n'oublient donc pas ce que saint Paul a dit d'eux et qui renferme en trois mots toutes leurs obligations.

Un roi, dit cet apôtre, est *le ministre de Dieu pour le bien* (7). Les rois sont les ministres de Dieu dans le gouvernement des peuples (8), comme certains hommes sont les ministres du souverain dans le gouvernement d'une nation, et comme le devoir des ministres dont nous parlons est d'obéir aux volontés du roi, de lui être dévoués, fidèles, ainsi le premier devoir des rois

(1) I Reg. XXIV.
(2) II Reg. 1.
(3) Eccl. X.
(4) Matth. XXII.
(5) I. Petr. 11, 13.
(6) 1. Petr. 11, 17.
(7) Rom. XIII, 7.
(8) Rom. XIII, 4.

est d'obéir à Dieu et d'observer sa loi. « Quand un prince sera monté sur le trône, est-il écrit au livre du Deutéronome, son premier soin devra être d'écrire lui-même dans un livre pour son usage personnel le volume de la loi ; il l'aura toujours avec lui et le lira tous les jours de sa vie pour y apprendre à craindre Dieu et à garder ses commandements (1). »

Que les rois ou empereurs comprennent donc que leur plus beau et plus glorieux titre est celui de ministre, non d'un prince mortel, mais du Roi immortel des siècles, du Roi des rois et du Maître des maîtres, et qu'ils sont ses ministres non pas pour dominer, pour tyranniser les peuples ; non pas pour satisfaire leur orgueil, leur avarice, leur luxure ou leur intempérance, mais *pour le bien*, c'est-à-dire pour établir, autant qu'il dépend d'eux, le règne de Dieu dans leur nation, pour y faire fleurir la vertu, pour y combattre le vice, y punir le crime, y protéger les bons, y faire trembler les méchants.

Voilà, voilà la fin de la royauté; il n'y en a pas d'autre ; et tout prince, tout roi, tout empereur qui ne tend pas à cette fin forfait à son devoir et se rend indigne du haut rang qu'il occupe, des sublimes fonctions qui lui sont confiées et il mérite les châtiments de Dieu et le mépris des hommes.

(1) Deut. XVII.

XV

DE LA BOURGEOISIE, DES RICHES ET DES MAITRES

La révolution de 1793 ayant aboli la noblesse en France, la nation ne se compose plus que de deux classes : la bourgeoisie et les ouvriers, les maîtres et les serviteurs.

Composent la bourgeoisie tous ceux qui ont de la fortune ou même qui vivent dans une certaine aisance qui les met au-dessus du commun, tous ceux qui ont des revenus, des places, des emplois, des fonctions qui leur procurent de quoi vivre sans avoir besoin d'un travail manuel et mercenaire, d'un travail journalier et pénible.

On les appelle communément *bourgeois* ou *riches*. Nous avons dit plus haut que l'inégalité est partout dans la nature et dans la société. Elle est surtout dans la fortune, et il est impossible de la faire disparaître.

Nivelât-on les fortunes à un moment donné que l'instant d'après l'égalité aurait cessé. Et si, comme l'a dit Jésus-Christ, il y aura toujours des pauvres (1), il y aura aussi toujours des riches, de même que s'il doit y avoir toujours des montagnes, c'est que toujours aussi il y aura des vallées.

Or, que sont les riches, les bourgeois, les maîtres dans l'enseignement chrétien? Quel emploi, quel usage doivent-ils faire de leurs richesses, de leur fortune, de leur autorité?

D'après les principes chrétiens, les riches sont les aumôniers ou les banquiers de Dieu pour les pauvres (2) ; Dieu leur défend d'endurcir leur cœur et de fermer leur main aux besoins des pauvres (3) ; Il veut que celui qui a beaucoup donne beaucoup (4) ; qu'il se montre bienfaisant, généreux, libéral (5). Souviens-toi, dit le Seigneur, souviens-toi des pauvres dans les jours de ton opulence, des besoins et de la misère de l'indigent dans les jours heureux et prospères (6). Il maudit le riche avare, le menace de sa colère (7), et il qualifie d'*homme de sang* celui qui ne donne pas au malheureux

(1) *Pauperes semper habetis vobiscum.* JOAN. 12, 8.

(2) *Feneratur Domino, qui miseretur pauperis et vicissitudinem suam reddet ei.* PROV. 19-17.

(3) *Rogationem contribulati ne abjicias; et non avertas faciem tuam ab egeno.* ECCL. 4-4.

(4) *Si multum tibi fuerit, abondanter tribue.* TOB. 4. 8.

(5) LEVIT. XXV. DEUT. XV. ECCL. VII.

(6) *Memento paupertatis in tempore abundantiæ et necessitatum paupertatis in die divitiarum.* ECCL. 18, 25.

7) JEREM. VIII, 10.

ce pain qui est sa vie et il le compare à l'assassin (1).

Et non-seulement les riches doivent être charitables, humains et bienfaisants, mais ils doivent encore être doux, humbles, modestes, sans fierté, sans arrogance et sans orgueil. La richesse, la fortune enfle naturellement le cœur. Les riches doivent être en garde contre cette tentation. « Ordonnez, dit l'apôtre à son disciple Timothée, ordonnez aux riches de ce monde de n'être point orgueilleux... d'être charitables et bienfaisants, riches en bonnes œuvres, de donner de bon cœur, de faire part de leurs biens aux pauvres, de se faire un trésor et un fondement solide pour l'avenir, afin d'obtenir la véritable vie (2).

Voilà ce que le christianisme demande aux riches.

Quant aux maîtres, il leur est commandé non-seulement de voir en leurs serviteurs, en leurs domestiques des frères et de les traiter comme tels, mais de les aimer, de les chérir comme leur âme (3). « Si quelqu'un, dit l'apôtre, n'a pas soin des siens et surtout de ses domestiques, il est un apostat et pire qu'un infidèle (4). Maîtres, dit-il encore, songez que le Maître

(1) *Panis egentium vita pauperum est : qui defraudat illum homo sanguinis est... Qui aufert in sudore panem quasi qui occidit proximum suum.* Eccl. 34, 25, 26.

(2) *Divitibus hujus sæculi præcipe non sublime sapere... benè agere, divites fieri in bonis operibus, facile tribuere, communicare, thesaurizare sibi fundamentum bonum in futurum, ut apprehendant veram vitam.* I Tim. 6, 17.

(3) *Si est servus fidelis, sit tibi quasi anima tua : quasi fratrem sic eum tracta.* Eccl. XXXIII.

(4) *Si quis suorum et maximè domesticorum curam non habet, fidem negavit et est infideli deterior.* I Tim. V.

suprême de vos serviteurs est aussi le vôtre, et que, devant Lui, il n'y a pas de rang, pas de priviléges (1). Que celui donc qui est le premier dans l'ordre hiérarchique devienne le serviteur des autres et que le plus grand devienne le plus petit (2). Tels sont en abrégé les principes chrétiens à l'égard des riches, des bourgeois et des maîtres. Et il nous semble que si tous les riches s'y conformaient il n'y aurait pas entre les riches et les pauvres, entre les bourgeois et les ouvriers les antipathies, l'antagonisme, qu'on y voit et qui divisent si profondément ces deux classes.

(1) Eph. VI.
(2) Marc. X.

XVI

DES CLASSES OUVRIÈRES, DES DOMESTIQUES ET DES PAUVRES

On donne généralement le nom de *peuple* aux classes dites *inférieures* de la société, aux classes ouvrières, aux domestiques, aux pauvres.

Nous venons de voir que, *devant Dieu, il n'y a point acception de personnes,* c'est-à-dire que les riches ne sont pas plus que les autres, par cela seul qu'ils sont riches ; que les bourgeois ne sont pas plus que les ouvriers, les maîtres pas plus que les serviteurs, par le seul fait de leur suprématie de fortune ou d'autorité, mais que tous sont égaux devant Dieu en ce sens qu'ils sont tous tirés du même néant, formés du même limon, doués de la même nature, créés pour la même fin, rachetées par le même sang, appelés aux mêmes destinées.

Mais de ce que la classe ouvrière, les domestiques et les pauvres sont, sous ces divers rapports, égaux aux riches et aux maîtres, s'en suit-il qu'ils n'aient aucun devoir à remplir à l'égard de ceux qui sont plus riches, qui font travailler les ouvriers, qui prennent et paient des serviteurs et qui soulagent les pauvres! Non sans doute, car toutes les classes de la société sont unies entre elles, reliées, rattachées les unes aux autres par des devoirs réciproques et des obligations mutuelles.

Les hommes voués par leur naissance et par leur peu de fortune patrimoniale aux travaux les plus pénibles, à la culture de la terre, aux professions mécaniques et aux plus durs métiers doivent se souvenir qu'ils subissent, pour leur part, la sentence divine portée dès le commencement contre l'homme coupable et prévaricateur et qui le condamne à ne plus manger son pain qu'à la sueur de son front, à ne l'obtenir de la terre que par beaucoup de travail (1) et à n'avoir plus ici-bas qu'une vie de mercenaire (2).

Dans son état actuel, l'homme est donc né pour travailler, comme l'oiseau est né pour voler et le poisson pour nager (3). Il lui est dit : ne fuis pas les travaux pénibles ni les soins de l'agriculture créés par le Très-Haut (4). Ces travaux ont d'ailleurs leur récompense. Soigne bien ton champ, dit l'éternelle Sagesse, et il te

(1) GENES. III, 17.
(2) JOB. VII, 1.
(3) JOB. V, 7.
(4) ECCL. VII.

produira de quoi te bâtir une maison (1). Celui qui cultive bien la terre sera rassasié de l'abondance de ses fruits (2). La vie de l'ouvrier à qui son travail suffit sera remplie de douceur, et dans cette vie tu trouveras un trésor (3).

Les sociétés païennes avaient des esclaves! les sociétés chrétiennes ont des domestiques, des serviteurs non forcés, non obligés, mais libres et volontaires, des serviteurs qui engagent spontanément leur liberté et leur indépendance moyennant certaines conditions pécuniaires.

Leur devoir est d'être fidèles à ces conditions ou conventions. « Serviteurs, soyez soumis en tout respect et toute crainte à vos maîtres, non-seulement à ceux qui sont bons et faciles à servir, mais même à ceux qui sont d'une humeur désagréable et d'un caractère difficile ; car le mérite consiste à souffrir par un motif d'amour pour Dieu et à endurer des peines injustes (4). Obéissez à vos maîtres comme à Jésus-Christ même. Ne les servez pas avec zèle seulement quand ils vous voient, comme si vous n'aviez à cœur que de plaire aux hommes, mais faites de cœur la volonté de Dieu, comme des serviteurs de Jésus-Christ et servez-les avec affection, regardant en eux le Seigneur et non les hommes, sachant que chacun recevra du Seigneur la

(1) Prov. XXIV, 27.
(2) Prov. XII, 11.
(3) Eccl. XL, 18.
(4) 1 Petr. II.

récompense du bien qu'il aura fait, qu'il soit esclave ou libre, serviteur ou maître (1).

Quant aux pauvres qui composent une classe si nombreuse de la société, il leur est ordonné, ainsi qu'à tous les hommes, de travailler dans la mesure de leurs moyens et de leurs forces; et leur état de pauvreté leur en impose l'obligation plus encore qu'aux autres hommes. Qu'ils soient donc laborieux selon leur âge, selon leurs forces, selon les temps et selon les lieux. Qu'ils ne perdent pas le temps dans l'oisiveté et la paresse. Qu'ils honorent leur pauvreté. Un pauvre qui marche dans sa simplicité est bien préférable à un riche qui s'enfonce dans des chemins tortueux (2). Le paresseux sera plongé dans la misère (3). La patience des pauvres, leurs souffrances ne seront pas à tout jamais perdues devant le Seigneur (4). Qu'ils aient cette crainte de Dieu qui est, au dire du sage et vertueux Tobie, une source de bonheur (5). Qu'ils soient sobres et tempérants et qu'ils évitent ce vice, ce péché d'intempérance qui est, avec la paresse, la cause la plus ordinaire et la plus générale de la misère des classes pauvres. Faites attention à vous, est-il dit à tous les chrétiens, et que vos cœurs ne s'appesantissent pas par les excès de la crapule et de l'ivrognerie (6). Ne te lie pas avec ceux

(1) Eph. VI. Col. III.
(2) Prov. XXVIII.
(3) Prov. XXVIII.
(4) Ps. IX.
(5) Tob. IV.
(6) Luc. XXI, 34.

qui aiment trop le vin et qui s'enivrent, car ceux qui se livrent au vin et à la bonne chère seront chassés de l'héritage de leurs pères (1). Un peu de vin ne suffit-il pas à un homme sensé (2)? Quelle est la vie d'un homme qui s'affaiblit par le vin? Qui est-ce qui nous ôte la vie? La mort est dans les excès du vin... Le vin bu avec excès amène la colère, l'emportement et une grande ruine (3). Celui qui aime la table sera dans l'indigence; celui qui aime le vin ne s'enrichira pas (4).

La soumission, l'obéissance, la patience dans les peines et les souffrances de la vie, l'amour et l'habitude du travail, la tempérance, une vie sobre et réglée, une sage économie, un légitime emploi des fruits du travail, voilà les vertus sans lesquelles le peuple ne peut-être heureux et avec lesquelles, au contraire, il le sera toujours. Donnez-lui ces vertus et vous aurez un peuple honnête, sage, calme, tranquille et aussi heureux qu'on peut l'être en cette vie d'épreuves et sur cette terre semée et hérissée pour tous de tant d'épines. Vous aurez un peuple vertueux dans la prospérité et fort dans l'adversité, un peuple laborieux dans la paix et vaillant dans la guerre, en un mot un peuple modèle.

(1) Prov. XXIII, 20.
(2) Eccl. XXXI, 22.
(3) Eccl. XXXI, 38.
(4) Prov. XXI. Eccl. XIX, 1.

XVII

DE L'HOMME AU POINT DE VUE SOCIAL

Comme le genre humain tout entier se divise en deux sexes, la société aussi se divise en deux parts : les hommes et les femmes.

Or, qu'est-ce que l'homme, demande dans un de ses psaumes le Roi-Prophète (1), et nous, nous répondons : l'homme, chef dans la famille d'Adam et héritier des priviléges de ce père de la race humaine, est, à ce titre, le roi des créatures terrestres. Il est le mieux doté des êtres de ce monde visible. Il a été créé à l'image de son Auteur et à sa ressemblance, et il est comme Lui, intelligence, volonté et amour.

Il est vrai que, dès l'origine, il a fait une terrible chûte dont il porte et portera toujours les marques.

Mais il a été relevé de cette chûte ; et de plus grands

(1) Ps. VIII, 5.

priviléges que ceux qui lui avaient d'abord été accordés lui ont été donnés. Son devoir, son premier et nous pourrions presque dire son unique devoir est maintenant de veiller à conserver les droits qui lui ont été rendus et à se rendre digne des hautes destinées qui lui sont réservées.

On a dit :

> L'homme est un Dieu tombé qui se souvient des cieux.

Qu'il s'en souvienne donc toujours et qu'il agisse en conséquence.

Qu'à la faveur de la révélation et à l'aide des secours ou grâces que Dieu lui donne, l'homme travaille continuellement, dans la mesure de ses moyens, à cultiver et à développer en lui les nobles et belles facultés dont le Créateur l'a doué. Qu'il marche dans la voie que Dieu lui a tracée, qu'il observe les lois que Dieu lui a données ici-bas etqu'il profite pour sa régénération et pour sa glorification future des moyens et des grâces dont Dieu le comble.

Voilà quel doit être le but de ses constants efforts. Y tendre sans cesse par la fidèle observance des commandements de Dieu, c'est là tout l'homme, dit l'Ecriture (1).

Oui c'est là tout l'homme! et il nous semble que cette part est assez belle, que cette destinée est assez glorieuse et que ces espérances sont assez magnifiques, assez éblouissantes.

(1) Eccl. 12, 13.

La révélation dit à l'homme : tu es un Dieu et le fils du Très-Haut (1).

Oui, par l'Incarnation et surtout par l'Eucharistie. L'homme s'élève jusqu'à Dieu, puisque Dieu descend jusqu'à lui ! Il s'élève jusqu'à Dieu, puisqu'il devient participant de la nature divine elle-même (2), puisqu'il arrive à un tel état d'union avec Jésus-Christ qu'il ne fait plus avec lui qu'un même corps (3), puisque ses membres deviennent les membres du Dieu fait homme (4), que l'Esprit-Saint habite en lui comme dans un temple (5) et qu'il est prédestiné à être éternellement semblable à Dieu lui-même par la vue et la possession de ce Dieu (6).

Nous le demandons maintenant à tout esprit impartial : cette idée que le Christianisme nous donne de l'homme est-elle assez grande, assez flatteuse : et n'est-ce pas le cas de s'écrier après un Père : Quand donc, ô homme, quand donc comprendra-tu ta noblesse, ta grandeur, ta dignité (7). La religion chrétienne seule élève, annoblit et même déifie ainsi l'homme ; et ce n'est pas sa faute si l'homme ne comprend pas tout ce qu'il est, devant Dieu, tout ce qu'il est en réalité. Ce n'est pas la faute de la religion, s'il se dégrade et se ravale quand elle veut

(1) Ps. LXXXI, 6.
(2) II Petr. I, 4.
(3) Eph. V, 6.
(4) I Cor. VI, 15.
(5) I Cor. VI, 19.
(6) I Joan. III, 1.
(7) *Agnosce, ô homo, dignitatem tuam.* S. Leô.

l'élever, s'il brise la couronne qu'elle lui met sur la tête, s'il renverse le trône sur lequel elle veut le faire asseoir et s'il descend au niveau et au rang des bêtes quand elle veut le placer au niveau des anges (1) !

Tel est l'être prévilégié que Dieu a mis à la tête et auquel il a donné la suprême direction de la société humaine. L'homme, en effet, tient le haut rang dans la société privée et dans la société publique, dans la famille et dans l'Etat. A lui de gouverner en souverain ; à lui de faire les lois et les constitutions. Entre ses mains repose le sort des empires ; de lui dépendent le bonheur et le malheur des peuples et des individus : la paix et la guerre, l'ordre et le désordre dans le monde.

De quelle importance, de quelle nécessité n'est-il donc pas qu'il connaisse bien ses devoirs, qu'il en soit bien pénétré et qu'il les remplisse tous ! De quelle importance n'est-il pas qu'il ait bien la conscience de ses attributions et de ses obligations ! et, au contraire, quelle confusion, quels désordres résultent de sa dégradation, de son avilissement, du peu de cas, du peu d'estime qu'il fait de lui-même ! de là tous les maux, tous les vices, tous les crimes qui troublent et souillent la société.

Dans la famille, l'homme est le chef de la femme (2) et, à ce titre, il a autorité sur elle. Mais cette autorité doit être douce, affectueuse, dévouée (3). Il doit aimer sa

(1) *Homo cùm in honore esset, non intellexit : comparatus est jumentis insipientibus et similis factus est illis.* Ps. XLVIII, 13.

(2) Ephes. V, 23.

(3) Ibid... 25.

femme comme Jésus-Christ a aimé son Eglise pour laquelle il est mort et a versé son sang (1). La femme n'est pas sa servante et encore moins son esclave ; elle est son associée, son aide, sa compagne et sa sœur. Il doit la protéger et non pas l'opprimer. Elle a des droits : qu'il les respecte et qu'il ne soit pour elle ni un bourreau ni un tyran. Qu'il lui laisse surtout la plus sainte des libertés, celle de la conscience, et qu'autant qu'il dépend de lui, il travaile par ses vertus et par ses qualités à donner à Dieu et au monde ce beau spectacle dont le Seigneur a dit : il y a trois choses qui me réjouissent le cœur : et une de ces choses c'est un homme et une femme qui vivent en bonne intelligence et dans un parfait accord (2).

(1) Ephes. V.
(2) Eccl. XXV, 2.

XVIII

DE LA FEMME AU POINT DE VUE SOCIAL

La femme est la sœur et l'associée de l'homme. Elle lui a été soumise dès le commencement, et, malgré cela, elle conserve et exerce soit pour le bien soit pour le mal une grande influence sur lui.

Si elle a les vertus qu'elle doit avoir, cette influence est tout entière dans l'intérêt du bien. Si, au contraire, la femme n'est pas ce qu'elle doit être, son influence est pernicieuse à la famille et à la société.

On a dit qu'une maison périt plutôt par la femme que par l'homme, par les défauts de la femme que par ceux du mari. La femme sage, dit l'Esprit-Saint, édifie sa maison, tandis que la femme insensée et folle la renverse de sa propre main (1). On peut dire de même que la so-

(1) Prov. XIV, 1.

ciété se corrompt, se pervertit et périt bien plutôt par les femmes que par les hommes.

La chute originelle prouve l'influence de la femme pour le mal, et, de son côté, saint Paul dit que *le mari infidèle est sanctifié par la femme fidèle* (1), ce qui équivaut à dire que la foi, la piété, la douceur, la modestie de la femme déteignent naturellement sur l'homme.

Il importe donc immensément que la femme ait les vertus propres à son sexe et en rapport avec le rang qu'elle occupe dans la société, avec le rôle qu'elle a à y remplir ou avec les fonctions qu'elle y exerce naturellement.

Et la première de ces vertus est certainement la piété c'est-à-dire la crainte et l'amour de Dieu. Des fondements éternels sur un rocher immuable, tels sont les commandements de Dieu dans le cœur d'une femme sage (2). La base de toute sagesse est dans la crainte de Dieu, et cette crainte accompagne tous les pas de la femme vertueuse (3).

Avec ce sentiment, elle sera nécessairement chaste, fidèle, laborieuse, charitable, prudente, économe, tempérante. Elle aimera la retraite, le silence. Elle sera simple dans ses goûts, modeste en sa parure ; elle évitera le luxe qui ruine tant de familles (4). Elle sera la gloire de

(1) I Cor. VII, 14.
(2) Eccl. XXVI.
(3) Eccl. I.
(4) I Tim. 11, 9.

son mari (1), l'ange et le guide de ses enfants, la perle et le trésor de sa maison (2).

Ne nous étonnons pas de voir le sage proclamer qu'une telle femme l'emporte sur tous les trésors du monde (3) et qu'elle est une faveur au-dessus de toute faveur, un bien au-dessus de tout bien (4).

Or, la religion seule et parmi les religions le seul catholicisme peut orner et enrichir la femme de toutes ces qualités, de toutes ces vertus ; lui seul peut l'élever à ce haut degré de perfection que nos saintes ont atteint dans leurs divers états et au-dessus duquel, il n'est pas donné à la nature humaine de s'élever.

A la femme surtout incombent dans la famille le devoir et le soin d'élever les enfants ; a elle de leur donner la vie surnaturelle après leur avoir donné dans son sein puis avec son lait celle du corps. A elle de les former à la vertu par ses leçons et ses exemples. A elle donc d'être le modèle et la première institutrice de ses enfants.

Oh ! pourquoi toutes les mères de famille n'ont-elles pas les sentiments de cette reine de France qui disait a son fils, roi futur de cette nation : « Dieu sait, mon fils « combien je vous aime et combien vous m'êtes cher ! « cependant il sait aussi que j'aimerais mieux vous voir « tomber mort à mes pieds que de vous voir vous « souiller par un seul péché mortel. » Pourquoi toutes les mères de famille ne travaillent-elles pas à pouvoir

(1) Prov. XII, 4.
(2) Eccl. VII, 21.
(3) Prov. XXXI, 10.
(4) Eccl. XXVI, 18.

dire de leurs enfants comme cette illustre dame romaine, Cornélie, mère des Gracques, disait des siens à d'autres dames qui lui montraient avec ostentation et complaisance leurs bijoux, leurs colliers, leurs bracelets : « Pour moi, voilà ma parure, voilà mes dia« mants ! »

XIX

LES PARENTS

La société en général se compose d'une multitude innombrable de petites sociétés qu'on appelle *familles.*

A la tête de ces familles sont les parents c'est-à-dire le père et la mère dont les enfants sont les fruits, les rejetons.

Les parents tiennent dans leur famille la place du Dieu de qui découle toute paternité dans le ciel et sur la terre (1).

De là le commandement fait aux enfants d'honorer leurs parents (2).

Mais de là aussi le devoir pour ceux-ci de se rendre respectables.

Qu'ils soient donc les modèles de leurs enfants. Qu'ils

(1) Ephes. III, 15.
(2) Deut. V, 16. Exod. XX, 12.

fassent leur éducation bien plus par les exemples que par les discours et les paroles, car, comme l'a dit un Père, on va lentement au but par les paroles on y va vite par l'exemple (1). Les enfants sont un dépôt que Dieu confie à leurs parents et dont il leur demandera compte ; et leur premier devoir est de les bien élever, de les former à la vertu et de leur inspirer l'horreur du vice et du péché.

« Elève bien ton enfant, dit le sage, et il sera la joie et les délices de ton cœur (2). »

« Et vous, parents, s'écrie à son tour le grand apôtre, élevez vos enfants dans la crainte et le service de Dieu (3). »

« Celui, dit encore le sage, qui instruit bien son fils sera loué à cause de lui et de ses qualités, et il se glorifiera dans son fils au milieu de ses proches et au sein de sa famille (4). Elevez sagement votre fils, travaillez à le former au bien de peur qu'il ne vous déshonore et que vous ne vous heurtiez contre sa honte et son ignominie (5). » L'unique devoir des parents à l'égard de leurs enfants ne consiste donc pas à entretenir, à conserver en eux la vie matérielle qu'ils leur ont transmise. Leur donner à boire, à manger, les vêtir, leur procurer une instruction humaine conforme à leur rang et à leur condition, ce ne sont pas là les seules obligations des pères et mères envers les enfants que Dieu leur a donnés.

(1) *Longum iter per sermonem, breve per exemplum.*
(2) Prov. XXIX, 17,
(3) Eph. VI, 4.
(4) Eccl. XXX, 13.
(5) Eccl. XXX, 13.

Mais leur principal devoir est de leur apprendre à connaître, à aimer et à craindre Dieu, à observer sa loi, à pratiquer la vertu, à combattre leurs passions et à se rendre dignes de leurs sublimes destinées.

Pour cela, nous l'avons dit, il faut la parole, l'instruction, les sages avis, les bons conseils, et parfois les réprimandes et les reproches, voire même les corrections, les châtiments.

« Celui qui aime son fils ne craint pas de le châtier souvent, afin d'avoir à se réjouir de lui quand ce fils sera grand et pour n'avoir pas à aller mendier devant les portes (1). Courbez-lui le cou pendant qu'il est jeune et châtiez-le de verges pendant qu'il est enfant, de peur qu'il ne s'endurcisse, qu'il ne veuille plus vous obéir et qu'à la fin votre âme ne soit percée de douleur (2). Le fils sage a été châtié par son père (3). Epargner le châtiment c'est haïr son fils : celui qui l'aime veille à le corriger (4). Gâtez votre fils, et il vous causera bien des soucis (5). »

Mais nous le répétons : nulle éducation sage n'est possible sans le bon exemple.

En vain des parents diront à leurs enfants de faire le bien, d'éviter le mal ; si eux-mêmes ne leur en donnent l'exemple, tous leurs discours seront stériles.

Quelle autorité, quelle force peut avoir un père pour ordonner à son fils d'être laborieux, tempérant, honnête

(1) Ibid... 1.
(2) Ibid... 12.
(3) Prov. XIII, 1.
(4) Prov. XIII, 24.
(5) Eccl. XXX, 9.

et de bonnes mœurs, s'il n'est pas lui-même laborieux, tempérant, honnête et de bonnes mœurs? Comment une mère pourra-t-elle efficacement prêcher la vertu, la sagesse, la modestie, la réserve à sa fille, si elle n'est pas elle même vertueuse? Et dans de pareilles conditions, l'enfant ne dit-il pas, au moins tout bas, à son père, à sa mère qui le reprennent : « Vous me dites d'être ce que « vous n'êtes pas et de ne pas être ce que vous êtes (1), « mettez donc vos actes en harmonie avec vos paroles, « et que vos œuvres soient conformes à vos leçons. » Que de maux résultent pour les familles et pour la société d'une mauvaise éducation!

Les parents qui, sous ce rapport, ne remplissent pas leur devoir sont homicides de leurs enfants; ils les tuent moralement et ils deviennent coupables du crime de lèse-société. Toutes les fautes, tous les désordres de leurs enfants retomberont sur leur tête comme autrefois les prévarications des fils du grand-prêtre Héli retombèrent sur la sienne.

(1) Rom. II, 21.

XX

LES ENFANTS

Les enfants sont l'espoir des familles et de la société. Ce sont les fleurs de l'arbre et les agneaux du troupeau. A eux l'amour et l'affection des âges plus avancés ; à eux la sollicitude et la tendresse du présent ! à eux l'avenir !

Mais plus ils sont chers à Dieu (1) et aux hommes, plus on doit travailler à les rendre dignes de l'amour que Dieu et les hommes leur portent. Leur cœur est une cire molle dans laquelle il ne faut graver que des principes de sagesse. Leur âme est un parterre où il ne faut semer que des fleurs de vertu, et leur intelligence est comme un sanctuaire qu'il ne faut éclairer que des lumières de la grâce et de la vérité. Leur corps lui-même

(1) MATTH. XVIII, 6.

est un temple qu'il faut traiter avec respect et vénération.

Un païen même a dit : « Ayez pour l'enfance un souverain respect. Et s'il vous vient en pensée de dire ou de faire quelque chose d'obscène et de licencieux, n'oubliez pas le respect qui est dû au premier âge. »

Et Dieu, le Dieu dont la parole verra passer le ciel et la terre, a lancé l'anathème et la malédiction contre quiconque scandalise un seul petit enfant, et il déclare qu'on ne peut espérer entrer au ciel qu'autant qu'on ressemble à l'enfance (1).

De quelle importance, de quelle nécessité n'est-il donc pas de bien l'élever ! C'est par la bonne ou la mauvaise éducation que l'on donne aux enfants qu'on jette pour la famille et pour la société les bases d'un avenir heureux ou malheureux. Le défaut d'éducation et surtout la mauvaise éducation perd un enfant dès le berceau ; et ce qu'on est dans le premier âge, on l'est généralement tout le reste de ses jours « L'homme, dit l'Ecriture, ne quittera pas, même dans sa vieillesse, le chemin qu'il aura pris dans son enfance (2).

Ah ! il le savait bien celui qui faisait dire aux Juifs par son serviteur Moïse : Si un homme a un fils insolent et rebelle, qui n'obéisse pas aux ordres de son père ou de sa mère, et qui, ayant été repris, dédaigne de les écouter, ils le prendront et le conduiront aux anciens de la ville et à la porte du jugement, et ils leur

(1) Ibid... 3.
(2) Prov. XXII, 6.

diront : « Voici notre fils qui est insolent et rebelle ; il dédaigne d'écouter nos avertissements, et il passe sa vie dans la débauche, dans la dissolution et dans les festins. » Alors le peuple de cette ville le lapidera, et il mourra, afin que vous ôtiez le mal du milieu de vous et que tout Israël l'entende et soit saisi de crainte (1).

Bien élever, bien former l'enfance, voilà donc un des premiers devoirs de la famille et de la société.

Or, nous l'avons dit : c'est par la parole et par l'exemple, par les conseils, les sages maximes, les reproches et les leçons pratiques de la vertu que se fait l'éducation du jeune âge.

Et les principes religieux sont seuls capables d'inspirer à l'enfant l'amour du bien et l'horreur du mal.

La crainte de Dieu, dit le Prophète, est le commencement ou le fondement de la sagesse (2).

Diderot l'avait compris quand il faisait lui-même apprendre le catéchisme à sa fille et qu'il regardait ce livre élémentaire de la foi et de la doctrine chrétienne comme le meilleur livre d'éducation qu'il pût lui mettre entre les mains.

« Ecoute, mon fils, s'écrie le sage, les bons conseils de ton père et les sages avis de ta mère. Ils seront une couronne pour ta tête et un ornement pour ton cou (3). Mon fils, dès ta jeunesse, reçois l'instruction,

(1) Deut. XXI, 18.
(2) Ps. CX, 10.
(3) Prov. I, 8.

et tu auras la sagesse jusque dans tes derniers jours (1). Un fils indiscipliné est la confusion de son père et une fille peu sage sera son deshonneur (2). Mieux vaut, dit toujours le sage, un seul enfant qui craint Dieu que mille enfants impies (3). » Que les parents, que les instituteurs et les institutrices de l'enfance et de la jeunesse imitent donc le sage et vertueux Tobie qui apprit à son fils à craindre Dieu dès l'âge le plus tendre et à s'éloigner du mal par l'effet de ce sentiment (4). Que les parents et tous les maîtres de l'enfance fassent de communs efforts pour que la jeune génération confiée à leurs soins, en même temps qu'elle croît en âge, croisse aussi en grâce et en sagesse devant Dieu et devant les hommes (5). Mais nous le disons encore une fois, pour atteindre ce but, pour parvenir à cette fin, il n'y a pas d'autre voie que celle que trace saint Paul, qui est de les élever dans la crainte et le service de Dieu (6).

(1) Eccl. VI, 18.
(2) Eccl. XXII, 3.
(3) Eccl. XVI.
(4) Tob. I, 10.
(5) Luc. II, 51.
(6) Ephes. VI, 4.

DEUXIÈME PARTIE

I

ÉTAT ACTUEL DE LA FRANCE SOUS LE RAPPORT RELIGIEUX

L'homme ayant été, comme nous l'avons dit, créé à l'image et à la ressemblance de son divin Auteur et ayant reçu de son Dieu pour destination spéciale de le connaître par son intelligence, de l'aimer avec son cœur et de le servir par ses organes, l'homme est évidemment par sa nature et par sa fin un être religieux (1). D'où il suit que la société tout entière ou une partie ou fraction de la société, comme est une nation, doit être religieuse. La religion, comme le mot lui-même l'indique, étant le lien qui attache ou *rattache* (2) l'homme à Dieu, c'est rompre et briser tout

(1) On l'a défini quelques fois « *un animal religieux* ».
(2) *Religare.*

rapport avec le Très-Haut que de n'être pas pieux et surtout que d'être impie.

Or, si toute société, qui se compose d'hommes, doit être religieuse parce que tout homme doit craindre, aimer et servir son Créateur, voyons si la France remplit ce premier devoir de toute nation, cette obligation naturellement inhérente à toute société.

Et hélas! il ne faut pas, malheureusement, examiner, observer, étudier longtemps la France pour se sentir forcé de s'écrier avec une immense douleur : la France est impie!

Ah! ce n'est certes pas sans un vrai déchirement de cœur et sans que le rouge nous monte au front que nous nous sentons contraint de formuler aussi crûment, aussi durement une semblable accusation contre notre chère patrie! Mais l'évidence est là! les faits sont là! et si nous devons aimer notre pays, nous devons encore plus aimer la vérité, *amicus Plato, sed magis amica veritas.*

Or, la vérité, l'inflexible vérité nous force à répéter, quelque pénible et cruel que nous soit cet aveu, que la France est impie.

Prouvons-le.

Dès le début de la guerre affreuse qui nous est faite, un de nos ennemis nous demanda *si nous croyons seulement en Dieu.....*

Hélas! cette question n'avons-nous pas lieu de nous la faire à nous-mêmes?

La France, comme nation, a-t-elle un Dieu? croit-elle à un Dieu? aime et sert-elle un Dieu? adore-t-elle un Dieu?

Et, dans ce cas, quel est ce Dieu? Est-ce celui des Indiens, des Perses, des Chinois? Non, évidemment! Est-ce celui des Juifs? Non, encore! Est-ce le Dieu des chrétiens, le Dieu en trois Personnes égales qu'on nomme Trinité? Est-ce le Père éternel avec le Verbe incarné et l'Esprit-Saint? Qui oserait dire que la France croit bien et fortement en ce Dieu, qu'elle espère en lui, l'aime et le sert?

Il a, ce Dieu, des lois, des commandements.....

Qui les observe? Qui *l'aime et l'adore parfaitement?*

Quel peuple païen blasphème le nom de son faux dieu comme, en France, on blasphème le nom du vrai Dieu? Les lèvres de l'enfant le blasphêment comme celles du vieillard, celles du pauvre comme celles du riche, celles de la femme même comme celles de l'homme!...

Un des préceptes divins est de consacrer à Dieu un jour sur sept.

Comment s'accomplit, chez nous, ce précepte? Allez, ce jour-là, dans nos temples! Combien y verrez-vous de monde? -

Sur 36 ou 37 millions d'habitants qu'on compte en France, combien en verrez-vous dans les églises les dimanches? Dans certaines paroisses de villes et de villages, on n'en voit quelque fois trois ou quatre sur cent! Quelle classe de la société ne travaille pas le dimanche et respecte les jours de fêtes? Quels travaux sont suspendus, arrêtés le dimanche? Quels devoirs religieux remplissent, le dimanche, l'armée tout entière, les employés des mines, des chemins de fer, des postes, des ponts-et-chaussées, etc., etc.

La vie de tous ces hommes ne se passe-t-elle pas dans un athéïsme complet quant au culte extérieur?

Quel signe public de foi, de religion donnent les rois, les ministres, les sénateurs ou pairs, les députés ou représentants, les préfets, les sous-préfets, les maires, en un mot, à peu près tous les fonctionnaires? Quel hommage public rendent à Dieu les riches, les bourgeois, les laboureurs, les commerçants, les fabricants, les ouvriers, les pauvres?

La France a des temples!... Mais ne pourrait-on pas bien écrire au frontispice de ces lieux saints comme les Athéniens avaient mis au frontispice d'un des leurs : *Au Dieu inconnu*? Les voies qui mènent à ces temples ne pleurent-elles pas comme pleuraient celles de Sion, parce qu'on n'allait plus à leurs solennités? Les prêtres n'y prêchent-ils pas, n'y exercent-ils pas, toute l'année, leurs fonctions dans le vide?

La France a des prêtres! mais n'y sont-ils pas les boucs émissaires de la société, sans cesse et partout en butte aux haines, aux calomnies, aux mépris, aux vexations, aux outrages de tous? Le prêtre n'est-il pas le seul membre de la société qui ait le triste privilége de pouvoir être impunément insulté par le premier gamin et le premier va-nu-pieds qu'il rencontre sur la voie publique?

La religion catholique, qui est celle de la très grande majorité des Français, a deux sacrements que tout catholique adulte doit recevoir *au moins une fois l'an.* Qui les reçoit? Dans certaines localités pas deux hommes sur cent!...

Une des plus grandes cités de France, autrefois très religieuse, n'a-t-elle pas trouvé dans son sein assez d'électeurs pour envoyer à la Chambre des députés, un homme qui donne pour programme à ses commettants de *naître sans Dieu*, de *vivre sans Dieu*, de *se marier sans Dieu* et de *mourir sans Dieu?*

Et avec cet athée ne se trouve-t-il pas dans cette même Chambre des Représentants-législateurs, un nombre considérable d'élus du suffrage universel qui veulent à toute force *la séparation de l'Eglise et de l'Etat*, c'est-à-dire l'athéïsme de ce même Etat, l'athéïsme du gouvernement?

Enfin, quel est, en France, l'âge qui soit religieux, qui soit pieux, qui adore et serve un Dieu? Est-ce l'enfance? Est-ce la jeunesse? Est-ce l'âge mûr? Est-ce la vieillesse? Demandez-le à ses prêtres!... Ils ne vous répondront que par leurs gémissements, *sacerdotes ejus gementes* (1).

Nous savons bien que, grâce à Dieu! il y a encore en France bien des contrées, bien des villes, bien des villages où l'antique foi s'est conservée, où Dieu a encore de vrais et sincères adorateurs, des *adorateurs en*

(1) THREN. I, 4.

esprit et en vérité (1). Mais nous maintenons et nous répétons que l'immense majorité des Français vit sans penser à Dieu et sans adorer Dieu, ni par le culte extérieur et public ni par le culte intérieur et privé. Nous répétons que, à part quelques belles, nobles et saintes exceptions :

D'adorateurs zélés à peine un petit nombre
Ose des premiers temps nous retracer quelque ombre.
Le reste pour son Dieu montre un oubli fatal,
Ou même s'empressant aux autels de Baal,
Se fait initier à ses honteux mystères,
Et blasphême le Dieu qu'ont invoqué leurs pères.

L'athéïsme est donc partout !... Il est dans la société publique... nous l'avons fait voir !...

Il n'est pas moins dans la famille ou la société privée.

Quels actes religieux accomplissent les pères et mères ? Qu'est devenu l'usage de prier en commun soir et matin ? Quels signes, quels témoignages de foi, de piété trouve-t-on dans les maisons ?

Autrefois, dans toutes les maisons il y avait un Christ, il y avait des reliquaires, il y avait de saintes images !

Par quels tableaux ces images sont-elles maintenant remplacées ?

Quelle mère apprend à son enfant à prier ? Quelle mère lui met sur les lèvres et lui grave dans le cœur l'adorable nom de Dieu ?

(1) JOAN. I, 23.

Ah ! Dieu semble banni des maisons particulières comme il l'est de presque tous nos édifices publics !... Plus rien qui nous le rappelle !... plus rien qui nous parle de lui !... plus rien qui nous fasse penser à lui et qui élève nos cœurs vers lui !

Ah ! si, comme l'a dit Liebnitz, l'*athéisme doit être la dernière hérésie* du monde, peut-être doit-elle être aussi la dernière erreur de la France !

Dans ce cas, notre patrie n'aurait plus qu'à mourir... et les fossoyeurs attendraient son cadavre !... *Dî, talem avertite casum!*

II

ÉTAT ACTUEL DE LA FRANCE SOUS LE RAPPORT MORAL

Nous n'avons pas besoin de dire ce que les mœurs sont en elles-mêmes et ce qu'elles sont à une nation.

Tout le monde sait qu'on entend par *mœurs* l'ensemble des devoirs de l'homme envers ses semblables et envers lui-même, comme on entend par religion l'ensemble des devoirs de l'homme envers son adorable Auteur.

Tout le monde sait aussi que les mœurs publiques sont aussi nécessaires à une société que les mœurs privées le sont à un individu et que de même qu'un homme est plus ou moins honnête, plus ou moins estimable et plus ou moins estimé selon qu'il a des mœurs plus ou moins sages, plus ou moins pures, ainsi un peuple est plus ou moins vertueux, plus ou moins digne d'estime selon que ses mœurs sont plus ou moins conformes aux principes de la morale. Or, quel est, sous ce rapport, l'état actuel de la France? Est-elle, sous le rapport moral, à un degré plus élevé, à un rang plus honorable que sous le rapport religieux?

Ah! encore ici, nous aurons à soulever un voile sous lequel notre œil va voir des plaies bien tristes et bien livides, de ces plaies hideuses, effrayantes, dont le prophète a dit: « Malheur à la nation criminelle, au peuple chargé d'iniquités, à la race corrompue qui ajoute et entasse sans cesse péchés sur péchés. Toute tête, chez ce peuple, est lourde et languissante et tout cœur est abattu et malade. Depuis la plante des pieds jusqu'à la tête, il n'y a rien de sain en lui; ce n'est que blessure, que chair meutrie, que plaie enflammée qui n'a point été bandée, sur laquelle on n'a point mis d'appareil et qu'on a point adoucie avec du baume (1). »

Ah! nous n'avons pas manqué dans le cours de ce siècle et dans les siècles précédents, nous n'avons pas manqué d'hommes qui nous ont dit dans leurs livres, dans leurs journaux, dans leurs chaires, dans leurs discours publics, dans leurs entretiens privés: « Prêtres, « ministres de la parole, pas de dogme! Ne nous parlez « ni de Dieu, ni de ciel, ni d'enfer, ni de vie future, ni « de sacrements! mais prêchez la morale! Faites de la « morale! Dites-nous nos devoirs! » Insensés qui n'ont pas vu, qui ne voient pas que le dogme est la base et le

(1) Is. I, 4, 5, 6.

fondement de la morale et que c'est dans le dogme que se trouvent la raison et la sanction de la morale !

Ces mêmes hommes ont dit encore : « Laissons, « laissons de côté les trois premiers articles du Déca- « logue ! Nous pouvons nous en passer ! Faisons-en bon « marché ! Mais conservons les sept autres ! »

On a donc biffé, rayé du Décalogue les trois premiers commandements. Eh bien que sont devenus les autres ? Qu'en a-t-on fait ? comment les a-t-on respectés, observés ? Cette morale, proclamée seule nécessaire et seule indispensable, qu'est-elle devenue ? Voyez l'enfance ! est-elle pure ? est-elle chaste ? Vous le savez, vous surtout qui êtes en contact avec elle, vous qui êtes préposés à son éducation. N'a-t-elle pas, dès l'âge le plus tendre, ces vices et ces passions honteuses dont elle ne devrait pas même avoir l'idée ? ses pensées, ses paroles, ses désirs, ses actions même, tout, dans la plupart des enfants de la classe riche et de la classe pauvre, n'a-t-il pas pour objet ce vice que saint Paul défend même de nommer (1) ?

Observez la jeunesse de l'un et de l'autre sexe ! Quels sont ses entretiens ? Quels livres, si elle lit, recherche-t-elle ? Les païens ont-ils jamais eu des danses plus immorales, plus impudiques que les siennes ? Le théâtre a-t-il jamais joué chez les Grecs et chez les Romains, des pièces plus obscènes que celles qu'on représente pour l'amusement du second âge ? Quelle grossièreté !

(1) *Nec nominetur in vobis sicut decet sanctos.* Eph. V, 3.

quel *laisser-aller*, quelle désinvolture, quel débraillé, quel cynisme dans les jeunes gens! quelle légèreté, quelle effronterie dans un grand nombre de jeunes filles! et de combien de jeunes gens et de jeunes filles ne peut-on pas dire après le sage : « *ses os seront remplis*, gangrenés par les vices de sa jeunesse (1). »

L'âge mûr a-t-il des mœurs meilleures, plus régulières, plus honnêtes?

Ah! chacun sait comment, de nos jours et en France, le mariage est traité, respecté! Saint Paul dit que cet état *est honorable en toutes choses* (2). Est-il honoré en toutes choses? Le même apôtre dit que le lit nuptial doit demeurer sans tache (3). La profanation, l'abus du mariage n'est-il pas tout spécialement un crime de notre temps et de nos pays, particulièrement chez les riches?

Enfin, la vieillesse est-elle, chez beaucoup de vieillards, une couronne de dignité (4)? Nos vieillards repassent-ils, dans l'amertume de leur cœur, les fautes de leur vie passée et ne sont-ils pas semblables à celui que Daniel traitait de « vieillard plein de jours mauvais (5) !

Qu'est devenue aussi la probité! qu'est devenue la conscience? Tient-on, comme autrefois, à l'honneur des familles? Combien qui ne paient pas les dettes les plus sacrées et ne tiennent aucun compte des engagements

(1) *Ossa ejus implebuntur vitiis adolescentiæ ejus.* JOB. XX, 11.

(2) *Honorabile connubium in omnibus.* HEBR. XII, 4.

(3) *Thorus immaculatus.* IBID.

(4) PROV. XVI, 31.

(5) *Inveterate dierum malorum.* DON. XIII, 52.

les plus saints et les plus inviolables? Quels maux et quels ravages l'ivrognerie et la débauche ne font-elles pas parmi nous? D'où viennent la pauvreté et la misère qui rongent la France comme un chancre? La classe ouvrière est-elle sobre, tempérante? N'emplit-elle pas, jour et nuit, les cabarets et ne porte-t-elle pas là son travail? N'est-ce pas dans ces lieux et dans les excès qni s'y font que l'ouvrier oublie sa femme, ses enfants, son honneur, sa dignité et d'homme et de chrétien? N'est-ce pas là qu'il se dégrade, s'avilit et descend au-dessous du sauvage, au-dessous de la brute?

Et ces désordres ne sont-ils pas universels en France? Ne déshonorent-ils pas les villes comme les villages, le nord comme le midi, l'est aussi bien que l'ouest? Quel luxe sans proportion avec leurs modestes ressources n'affichent pas les filles de la classe ouvrière? Quelles modes insensées, stupides, ridicules, ruineuses n'inventent-elles pas tous les jours?

Ah! si le luxe est un des signes les plus certains de la décadence des empires, nous pouvons à coup sûr prononcer sur notre plus ou moins de vitalité politique et morale et craindre pour notre pays.

III

ÉTAT PRÉSENT DE LA FRANCE SOUS LE RAPPORT INTELLECTUEL

C'est surtout la France qui a donné à notre siècle le titre empathique de *siècle des lumières* ; et elle lui a donné ce titre à cause surtout de l'éclat qu'elle avait la prétention d'avoir répandu sur lui.

Hélas ! la France a toujours été vaniteuse, orgueilleuse ! Elle s'est toujours crue la lumière et le flambeau du monde !

Sans doute elle y a jeté un grand éclat ; sans doute elle y a brillé par ses lettres, par ses arts, par sa science, par sa gloire militaire, par ses grands hommes, par ses monuments de tout genre, plus qu'aucune nation moderne. Mais elle n'a pas été humble ; elle n'a pas été modeste ! Elle n'a pas su rendre grâce de son élévation à l'Auteur de tout don (1), au Dieu des sciences (2) et à celui *qui éclaire tout homme venant en ce monde* (3).

Aussi croyons-nous que ce Dieu qui a dit : « celui qui s'élève sera abaissé », a exécuté cette menace à l'égard de la France.

Elle avait dit dans son orgueil : « Je monterai « jusqu'aux cieux ; j'établirai mon trône au-dessus « des astres de Dieu. Je ravirai à Dieu lui-même ses « secrets ; je lui déroberai sa foudre ; je ferai des pro-« diges aussi grands que les siens ; je serai semblable « au Très-Haut et je me passerai de lui (4), » et ce Dieu, justement courroucé, l'a, comme il fit autrefois à l'orgueilleux Nabuchodonosor, précipitée du faîte de sa gloire jusqu'au plus profond de l'abîme (5).

Et ce Dieu qui, menaçant un évêque, lui dit un jour : « Si tu ne fais pénitence, je transporterai ta lumière à « un autre lieu (6), » semble avoir tenu à la France le même langage, et, d'après son impénitence, lui avoir retiré le flambeau qu'elle tenait, depuis des siècles, à la main, et qui éclairait le monde.

En effet, comparez, sous le rapport des lettres, des arts, des sciences, le présent de la France à son passé !

(1) *Omne donum desursum est desceudens a Patre luminum.* JACOB. 1, 17.

(2) *Deus scientiarum Dominus est.* 1 REG. 11, 3.

(3) JOAN. 1, 9.

(4) *In cœlum conscendam, super astra Dei exaltabo solium meum. Ascendam super altitudinem nubium, similis ero Altissimo. Verumtamen ad infernum detraheris in profundum laci.* IS. XIV.

(5) IBID.

(6) APOC. II, 5.

Comparez notre temps à celui de Louis XIV. Quelle distance infinie vous trouverez entre l'un et l'autre! comme il était grand, ce dix-septième siècle! et comme le nôtre est petit! Comparez nos littérateurs, nos peintres, nos sculpteurs, nos généraux, nos amiraux, nos armées, les monuments élevés par nous, aux littérateurs, aux peintres, aux armées du grand siècle et aux superbes monuments dont il a doté la France, et dites si nous sommes à la hauteur de nos aïeux et au niveau de nos ancêtres! Cependant, depuis soixante ans, il faut le dire, tous les gouvernements ont fait des efforts successifs pour répandre l'instruction. On a fondé et créé les écoles normales, on a multiplié partout les écoles communales; l'Etat et les communes ont fait les plus grands sacrifices pour rendre l'instruction accessible à tous; on élève le salaire du maître, on paie pour l'enfant indigent, on lui fournit même tout ce dont il a besoin pour travailler et pour s'instruire.

Eh bien qu'a-t-on gagné? Le peuple est-il devenu réellement plus instruit qu'il ne l'était? non!

Peut-être le nombre de ceux qui savent un peu lire, un peu écrire, un peu compter avec la plume est-il aussi un peu plus considérable qu'autrefois... mais on avouera que ce n'est pas là une bien grande instruction, et parmi le peuple de nos villes, de nos villages, à part les riches et leurs enfants, qui s'élève au-dessus de ce modeste degré d'instruction et de science?

Nous allons plus loin et nous disons que, malgré tout ce que l'on a fait pour favoriser, répandre et développer l'instruction, le niveau de l'intelligence, chez les enfants, a notablement baissé depuis quelques années.

Et nous fondons d'abord notre assertion sur une observation et une expérience de plus de quarante années. Nous la fondons aussi sur l'observation, l'expérience et le témoignage de plusieurs maîtres de l'enfance et notamment d'un homme qui a été instituteur pendant vingt-cinq ans au moins, puis inspecteur des écoles communales de deux arrondissements pendant un laps de temps presque égal, et qui pensait et parlait comme nous. Nous la fondons encore, cette assertion, sur le sentiment de plusieurs prêtres, instituteurs et professeurs que nous avons consultés sur ce point.

La génération actuelle ne montre aucun goût, aucune disposition, aucune ardeur pour le travail.

Vous payez pour les enfants pauvres! et ils ne vont pas en classe! ils courent les rues pendant que les communes font pour eux des sacrifices inutiles.

Les élèves des pensions, des colléges, des lycées sont-ils instruits en proportion de ce qu'ils coûtent à l'Etat et à leurs familles? Sont-ils instruits en proportion du temps qu'ils passent sur les bancs?

On a, dans ces derniers temps, essayé de bien des systèmes! L'instruction y a-t-elle réellement gagné?

Ah! que d'accusations nos revers militaires et les triomphes de nos ennemis n'ont-ils pas attirées aux officiers de notre armée! Que d'insolentes caricatures ont été faites contre eux en France et à l'étranger? Combien ne leur a-t-on pas reproché l'oisiveté de leur vie de garnison? Quant à ce que l'on appelle *peuple*, il n'est peut-être aucune nation en Europe qui ne l'emporte en instruction sur le peuple français. Nos jeunes gens, pour la plupart, savent à peine lire, à peine écrire. Leur orthographe est pitoyable et leur style encore plus. Jugez-en par les lettres de nos jeunes soldats, de nos mobiles et de nos mobilisés!

Aucun goût dans la jeunesse pour l'étude. Dans notre carrière pastorale nous avons souvent désiré réunir des jeunes gens et leur donner des leçons, leur faire un petit cours d'histoire de France, d'histoire grecque, d'histoire romaine, d'histoire naturelle on de quelque autre branche des connaissances humaines.....

Jamais nous ne l'avons pu à cause du peu de goût de la jeunesse française pour les choses sérieuses.

IV

ÉTAT ACTUEL DE LA FRANCE SOUS LE RAPPORT SOCIAL

Sous ce titre, nous allons examiner en quel état est la France par rapport à ces liens qui unissent entre eux les individus d'une même nation comme les membres d'une même famille ou d'un même corps, les branches d'un même arbre, les pierres d'un même édifice.

Or, quel est, sous ce rapport, l'état de la France? L'union des volontés, des esprits et des cœurs est ce qui fait surtout la force d'une nation. Eh bien, la France possède-t-elle cet élément de puissance?

Le grand Législateur a dit : *Tout royaume divisé contre lui-même périra* (1).

(1) MATTH. XII, 25.

La France n'a-t-elle pas à craindre, plus qu'aucun autre peuple de voir à son préjudice l'accomplissement de cette menace de l'infaillible vérité ?

Quel peuple est plus divisé que nous ?

Questions religieuses, questions politiques, tout nous divise ! L'homme ennemi a semé à pleines mains l'ivraie de la discorde dans le champ du père de famille.

L'orgueil est le vice dominant de notre société.

Or, l'orgueil est pour une société le plus terrible et le plus actif des dissolvants.

Par l'orgueil, l'homme s'élève au-dessus des autres. Il se déifie lui-même. Il faut qu'il l'emporte sur tout. Il faut que tout lui cède. Il faut qu'il règne. D'où il arrive que, comme le dit l'Ecriture, *les mains d'un seul sont contre tous, et les mains de tous contre un seul.*

C'est la guerre intestine, c'est l'affaiblissement, c'est la ruine.

Chez nous, les familles mêmes sont peu unies, leurs membres se connaissent à peine, surtout quand il y a entre eux disproportion de fortune ; les frères eux-mêmes ne s'aiment pas.

L'orgueil est père aussi de l'insubordination. Il dit comme tout rebelle : « Je n'obéirai pas (1). » De là l'indiscipline qui est une de nos plaies et qu'on rencontre partout et sous toutes les formes... Dans l'administration civile, indiscipline des inférieurs à l'égard de

(1) *Non serviam.* JEREM. II, 20.

leurs chefs et de leurs supérieurs; dans l'armée, indiscipline des soldats à l'égard de leurs officiers; dans l'enseignement, indiscipline des élèves vis-à-vis de leurs maîtres; dans la famille, indiscipline des enfants à l'égard de leurs parents; dans la classe industrielle, indiscipline des ouvriers à l'égard de leurs patrons.

Dans le domaine de la politique, l'un tient au drapeau blanc, l'autre au drapeau tricolore, celui-là veut le drapeau rouge, et chacun veut le triomphe de son parti et celui de son idée.

Ces divisions amènent à leur suite l'animosité, la haine, les conflits d'opinions. Elles tuent le respect qu'on se doit les uns aux autres et l'esprit d'obéissance.

Ah! si la France a été le pays le plus poli, le plus civilisé du monde, l'est-elle encore de nos jours?

Quel respect les inférieurs montrent-ils pour leurs supérieurs, les jeunes gens pour les vieillards, les enfants pour les parents, les élèves pour leurs maîtres?

Voyez dans nos rues, dans nos gares, sur nos places publiques, en un mot, partout où il y a réunion, agglomération, quelle impolitesse! quel manque de savoir vivre et, souvent, quelle grossièreté et même quelle insolence!

Ah! le Roi-Prophète s'écrie dans un de ses chants sacrés : *Les vérités ont été affaiblies par les enfants des hommes* (1). N'en peut-on pas dire autant des

(1) *Diminutæ sunt veritates a filiis hominum.* Ps. XI, 2.

vertus en France? L'hérésie d'abord, l'impiété sous le nom de philosophie ensuite, ont fortement ébranlé, puis notablement affaibli les vertus religieuses. Ensuite les vertus sociales, la douceur, la patience, le support des défauts d'autrui, l'urbanité, la bonne foi, la franchise, la probité, la justice ont baissé avec les croyances. Et il devait en être ainsi, car les croyances sont mères des vertus sociales aussi bien que des vertus religieuses, et la foi n'est jamais ébranlée que les vertus ne le soient au même degré.

Et cette remarque est vraie surtout à propos d'un sentiment qui est aux vertus sociales ce que la charité est aux vertus théologales ou divines (1), nous voulons parler de l'amour de la patrie. Qui pourrait dire qu'il a brillé d'un grand éclat dans la malheureuse guerre que nous venons d'avoir à soutenir contre l'Allemagne? Avons-nous vu dans cette guerre quelque chose de semblable à ce que firent, sous la première République, les *géants,* comme les appelait Napoléon, de la Vendée et de la Bretagne? Avons-nous vu surgir du milieu de nos campagnes des combattants comme Stoflet, Bonchamps, Laroche-Jacquelin, Cathelineau, Lescure, Charette, etc.

Nos armées ont-elles produit, enfanté des officiers, généraux, tels que Hoche, Kléber, Desaix, Oudinot, Moreau, Davoust, Serrurier, Masséna, Augereau, Bernadotte, Murat. Ney, Berthier, Drouot, Macdonald, Junot, et leur chef à tous, Napoléon Bonaparte? Nous

(1) *Major autem horum est charitas.* 1. COR. XIII.

avons eu sans doute quelques beaux dévouements, mais qu'ils ont été rares! Les masses se sont-elles levées pour repousser l'invasion? Ne sont-elles pas restées impassibles et indifférentes aux revers de la France? Quelques braillards avinés ont, au début de la guerre, hurlé, vociféré la *Marseillaise* dans les rues! Mais la nation est restée étrangère à la lutte et a subi les conséquences de son peu de patriotisme.

O saint amour de la patrie, que tu fais peu battre de cœurs! Nous savons bien chanter que

Mourir pour la patrie
Est le sort le plus beau, le plus digne d'envie!

Mais combien qui trouvent encore plus beau et plus digne d'envie de se conserver pour elle! Et la cause première, la cause principale de ce peu d'énergie, de ce peu d'héroïsme, est dans le progrès de ce qu'on nomme le *confortable*. Nous sommes mieux nourris, mieux vêtus, mieux logés que nos pères. Notre vie a des aises, des jouissances, des voluptés qu'ils ne connaissaient pas! Et nous nous sommes estimés beaucoup plus heureux qu'eux! Mais quand la tempête a grondé, quand l'adversité est venue, quand il aurait fallu de mâles vertus, un grand courage, un dévouement sublime, nous nous sommes trouvés faibles, amollis, peureux et lâches devant l'étranger et devant la mort. Le sensualisme avait tué le patriotisme.

V

ÉTAT DE L'ÉDUCATION DES ENFANTS DANS LA FAMILLE

Nous allons mettre ici le doigt sur une des plaies les plus hideuses, les plus profondes de notre société.

Nous avons tâché de faire voir dans un précédent chapitre que l'éducation des enfants par les parents est un des premiers devoirs de ceux-ci ; que la nature, la religion, la société, le présent, l'avenir sont également intéressés à ce que les enfants soient bien élevés.

Or le sont-ils?

Demandons-le à tous ceux qui savent tant soit peu observer ce qui se passe autour d'eux et sous leurs yeux ; demandons-le à tous ceux qui, par état, sont en rapport avec l'enfance : aux prêtres, aux professeurs, aux instituteurs et institutrices de l'enfance, de la jeunesse.

N'est-il pas vrai que, dans presque toutes les familles ou du moins dans l'immense majorité, les enfants ne reçoivent aucune éducation?

En effet, l'éducation consiste essentiellement à donner aux enfants de bons principes et à les leur faire pratiquer.

Or, les parents peuvent-ils donner et inculquer à leurs enfants de bons principes s'ils n'en ont pas eux-mêmes?

Uu adage dit que *nul ne peut donner ce qu'il n'a pas* (1). Comment donc les parents pourraient-ils inspirer à leurs enfants les sages principes de la religion et de la morale s'ils ne les possèdent pas eux-mêmes?

Or, demandez à un jeune homme, à une jeune fille qui vont se marier quelles leçons de sagesse, de vertu ils donneront à leurs enfants, s'ils en ont! Y a-t-il dans ces deux têtes-là seulement une bonne et sage maxime? Y a-t-il dans ces deux cœurs-là seulement un noble sentiment qu'ils puissent faire passer dans le cœur de leurs enfants?

Aussi à quoi se bornent, parmi le peuple (à de rares exceptions près), les soins que les parents donnent à leurs enfants?

Leur fournir des aliments, entretenir en eux, par l'alimentation, la vie matérielle qu'ils leur ont communiquée, les vêtir, les envoyer à l'école, puis ensuite leur faire apprendre un métier, un état, voilà à peu

(1) *Nemodat quod non habet.*

près tout ce que les pères et mères font à l'égard de leurs enfants.

Mais est-ce là tout ce qu'ils doivent faire? N'ont-ils pas à former dans leurs enfants des hommes, des femmes, des chrétiens, des chrétiennes, des Français, des Françaises? Les dogmes de la foi, les principes de la morale doivent-ils être comptés pour rien? Et n'est-ce pas surtout aux parents à les graver dans le cœur et dans l'esprit de leurs enfants?

Sans doute, que ces enfants doivent, quand ils en auront l'âge, être confiés à des maîtres, à des maîtresses, dont la mission spéciale sera de faire pour l'esprit et pour le cœur, pour l'instruction et pour l'éducation de ces enfants ce que les parents ne font pas. Mais n'est-il pas nécessaire, indispensable que l'éducation du foyer domestique précède, accompagne, corrobore et fortifie celle de la classe, de la pension, du collége? Le père ne doit-il pas être le premier et constant instituteur, la mère la première et constante institutrice de son enfant?

Et n'est-ce pas dès le berceau, dès que l'enfant peut balbutier, bégayer, dès qu'il peut, comme dit le poëte, *connaître sa mère à son doux sourire* (1), que son éducation doit commencer?

Puis, ces maîtres, ces maîtresses dont vous parlez seront surtout des maîtres et des maîtresses d'instruction, des professeurs de sciences; leurs maisons seront

(1) *Risu cognoscere matrem.* VIRGILE.

bien moins (quoiqu'on les appelle ainsi) des *maisons d'éducation* que des maisons d'instruction. L'éducation doit donc être tout spécialement l'œuvre des pères et mères, car elle doit être en rapport avec le caractère des enfants, avec leurs bonnes ou mauvaises dispositions, avec le rang qu'ils doivent occuper dans le monde, avec la profession qu'ils doivent y exercer.

Que les parents ne se déchargent donc pas entièrement de ce soin sur les maîtres futurs de leurs enfants.

Nous venons de le dire! Les maîtres et maîtresses de l'enfance et de la jeunesse ont surtout pour mission de l'instruire. Comment donc pourraient-ils, vu le grand nombre d'enfants qui leur sont confiés, entrer dans tous les détails dont se compose l'éducation, étudier le caractère, les défauts, les qualités de chacun de leurs élèves et les former comme s'ils n'en avaient qu'un seul?

On fait donc peu pour l'éducation dans les écoles, pensions, colléges et même séminaires. C'est donc, nous le répctons, c'est sous le toit domestique que doit surtout se faire l'éducation des enfants.

S'y fait-elle? nous n'hésitons pas à dire : non! Soit par ignorance, soit par manque de temps, d'assiduité, de vigilance, soit par incurie, soit par défaut de jugement, soit par incapacité, la plupart des parents, dans les classes inférieurs, ne donnent aucune éducation à leurs enfants.

Les enfants riches en reçoivent-ils beaucoup plus?

Sont-ils, sous ce rapport, bien mieux partagés que les enfants du peuple? Non, évidemment.

Ils ont à peine huit ou neuf ans qu'on les enlève à la famille, au foyer paternel pour aller les enfermer dans une caserne universitaire appelée *pension, collége, lycée*.

Ils passent là une douzaine d'années à lire, à écrire, à calculer, à apprendre des leçons, à faire des thêmes, des versions, des narrations, des discours, etc.

Mais quelle place aura dans tout cela l'éducation? presque aucune! et nous avons dit pourquoi.

Dans ces douze ans, l'enfant ne reviendra que pour quelques courts instants chez ses parents; il ne verra sa mère qu'à de rares intervalles. Comment, dans ces conditions, pouvoir rien faire pour son éducation?

Aussi est-on unanime à dire que les enfants, aussi bien ceux des riches que ceux des pauvres, aussi bien ceux des bourgeois que ceux des ouvriers, sont mal élevés.

Ou ils n'ont point d'éducation ou ils en ont une mauvaise.

Mais le prêtre, pourra-t-on nous dire, n'est-il pas l'*éducateur* naturel de l'enfance? Ne lui enseigne-t-il pas la loi de Dieu, les devoirs de l'homme et du chrétien, etc., etc.

Le prêtre! mais qui ne sait avec combien peu de respect les parents parlent de lui à leurs enfants et devant leurs enfants? Ne détruisent-ils pas sans cesse ce que le prêtre cherche à édifier? N'approuvent-ils pas sans cesse ce que le prêtre condamne, et ne condamnent-ils pas ce que le prêtre conseille et commande ?

Aussi son ministère est-il, sous ce rapport, comme sous bien d'autres, tout à fait frappé d'impuissance et de stérilité.

De là et des autres causes que nous avons signalées l'absence complète d'éducation chez la plupart des enfants tant des villes que des campagnes. De là leur mauvais ton, leur mauvais genre, leur grossièreté, la licence de leur langage, le débraillé de leur mise, de leurs vêtements, leur peu de respect pour l'âge, pour le sexe, pour le rang. De là leur hardiesse, leur effronterie, en un mot, ces défauts que leur reprochent ceux qui les aiment, qui aiment la France et qui voudraient de tout leur cœur, de toute leur âme, que la jeune génération fut plus digne d'elle et lui préparât un avenir meilleur que le présent.

VI

DE L'ÉDUCATION DE L'ENFANCE ET DE LA JEUNESSE PAR L'ÉTAT

Puisque l'Etat se charge de l'instruction de presque toute l'enfance, de presque toute la jeunesse, à quelque classe qu'elles appartiennent et quelque profession qu'elles doivent exercer, quelque carrière qu'elles doivent parcourir dans la vie ; puisqu'à peu d'exceptions près, l'Etat tient sous sa surveillance et sous sa direction, les enfants et les jeunes gens dans les villes et dans les campagnes, il est tout naturel que, donnant aux deux premiers âges l'instruction et la science, ils leur donne en même temps, ce qui est bien plus précieux et bien plus nécessaire, une bonne éducation ; il est juste et naturel qu'en même temps qu'il orne l'esprit des connaissances humaines, il forme le cœur aux vertus religieuses et morales qui sont l'ornement de l'âme, la richesse du cœur.

Or, l'Etat le fait-il? S'acquitte-t-il de ce devoir?

Regardez et voyez.

Dans toutes nos grandes et dans toutes nos petites villes, dans chacun de nos villages et dans nos moindres hameaux l'Etat a une ou plusieurs maisons d'instruction. Chacune de ces maisons a un ou plusieurs maîtres chargés d'enseigner la lecture, le calcul, la grammaire, l'histoire, etc, dans les classes élémentaires et communales.

Dans une sphère plus élevée, dans une région plus haute, vous avez des professeurs de français, de latin, de grec, d'anglais, d'allemand, d'humanités, de rhétorique, de mathématiques, de philosophie, etc., etc.

Mais quel est, dans ce corps enseignant, le maître auquel incombe spécialement la mission de donner aux enfants une bonne éducation?

Il y a bien, il est vrai, dans les colléges et les lycées un prêtre appelé *aumônier* et dont la fonction est d'enseigner et d'expliquer le catéchisme, de dire la messe et d'entendre les confessions des élèves : mais ce prêtre jouit-il toujours de la considération due à son caractère et à sa noble mission? Ne le voit-on pas souvent d'un mauvais œil? Ne le regarde-t-on pas souvent comme un censeur incommode? Et puis, quand du haut de sa chaire, il a fait sa conférence, donné son instruction, il disparaît : c'est un professeur de religion et de morale ; mais dont l'action est à peu près nulle pour l'éducation.

Les autres maîtres se bornent généralement à faire

leur classe et ne s'occupent nullement des mœurs, des sentiments, du caractère de leurs élèves.

Il en est de même, à peu de chose près de l'instituteur communal. Il se croit chargé *d'instruire* et non pas d'*élever*.

D'ailleurs, nous l'avons dit : pour *élever* l'enfance et la jeunesse, le plus fort, le plus puissant levier est l'exemple.

Or, quels sont les maîtres, les professeurs et les instituteurs qui remplissent les devoirs essentiels de la religion ! Nous savons un département où l'on n'en trouverait peut-être pas cinq ou six.

Puis, quelle autorité les parents donnent-ils aux maîtres pour reprendre et corriger leurs enfants. Ah ! nous touchons ici un des plus déplorables travers de notre temps : c'est l'incroyable faiblesse des parents à l'égard de leurs enfants. Les enfants sont l'objet d'un culte de la part de leurs parents, qui adorent même leurs défauts. Malheur à qui les blâme ! malheur à qui les reprend ! malheur à qui les gronde ! malheur à qui les touche du bout du doigt ! Il est voué à tous les anathèmes, à toutes les colères des parents.

Un professeur de lycée nous disait dernièrement : Les parents ne demandent plus à leur enfant si son maître est content de lui, mais s'il est content de son maître.

Ah ! Législateurs, vous parlez d'*instruction obligatoire* ! mais il y aurait quelque chose de bien plus important, de bien plus nécessaire encore que l'instruction obligatoire : ce serait l'*éducation obligatoire.*

Sans doute l'instruction, la science est en soi une belle chose, une excellente chose ! mais c'est une arme ! et c'est l'éducation qui apprend à s'en servir.

De nos jours l'instruction ne manque pas, quoi qu'elle ne soit pas à un bien haut degré parmi nous. Mais ce qui manque surtout, c'est l'éducation ! Or, assurément un homme bien élévé, un homme honnête est mille fois préférable à un homme instruit et savant, mais mal élevé, sans mœurs, sans probité et sans éducation.

Nos prisons et nos bagnes sont pleins de gens qui savent lire et écrire, qui ont même une forte dose d'instruction. Y en a-t-il beaucoup qui aient été bien élevés et imbus, dans leur enfance et leur jeunesse, des préceptes de la sagesse, de la piété, de la crainte de Dieu?

Car, nous le répétons, ce sont là les bases uniques de la bonne éducation. Il n'y en a pas d'autres. Vous les rejetées, libres-penseurs, libres-penseuses ! Vous voulez une éducation sans Dieu, une vie sans Dieu, une mort sans Dieu, une éducation athée, une existence athée, une mort athée !

Eh bien, vous êtes les plus dangereux ennemis de la société ! vous êtes pires que les voleurs, que les brigands, les incendiaires, les assassins ! car vous multiplierez cette race ! Vos sataniques doctrines les enfanteront par milliers, et vous perdrez encore la France si, à défaut des hommes, Dieu ne vous punit pas et ne vous arrête pas dans votre coupable voie.

Concluons en disant que, ni dans la famille ni dans les diverses écoles de l'Etat, l'éducation, en France, n'est ce qu'elle devrait être.

Oh! pourquoi tous les parents et tous les maîtres de l'enfance et de la jeunesse, tant au dedans qu'en dehors de l'Université, ne sont-ils pas pénétrés des sentiments d'après lesquels, selon Rollin, a été établie l'Université de France : « L'Université de Paris, dit-il, fondée par les rois de France pour travailler à l'instruction de la jeunesse, se propose, dans cet emploi si important, trois grands objets qui sont la science, les mœurs, la religion. Elle songe premièrement à cultiver l'esprit des jeunes gens et à l'orner par toutes les connaissances humaines dont ils sont alors capables. Ensuite elle s'applique à rectifier et à régler leur cœur par des principes d'honneur et de probité pour en faire de bons citoyens. Enfin elle tâche d'achever et de perfectionner ce qu'elle n'a fait qu'ébaucher jusque-là, et elle travaille à mettre pour ainsi dire, le comble à son ouvrage en formant en eux l'homme chrétien.

« C'est là, poursuit le savant et pieux auteur, c'est là le but que se sont proposé nos rois en établissant l'Université; et c'est aussi l'ordre des devoirs qu'ils lui ont eux-mêmes prescrits dans les divers réglements qu'ils lui ont donnés pour la mettre en état de répondre à leurs vues. » Celui de Henri IV, de glorieuse mémoire, commence par ces mots : « la félicité des royaumes et des peuples et surtout d'un état chrétien dépend de l'éducation de la jeunesse où l'on a pour but de cultiver, de polir par l'étude des sciences l'esprit encore brut des jeunes gens, de les disposer ainsi à remplir dignement les différentes places qui leur sont destinées, sans quoi ils seraient inutiles à la République; enfin de leur apprendre le culte religieux et sincère que Dieu exige d'eux, l'attachement inviolable qu'ils doivent à leurs pères et mères et à leur patrie, le respect et l'obéissance qu'ils sont obligés de rendre aux princes et aux magistrats (1). »

Maintenant nous le demandons : Est-ce avec des doctrines comme plusieurs en professent au sein même de cette Université qu'on atteindra les trois buts pour lesquels, d'après Rollin, elle a été instituée?

(1) *Traité des études*, tom. Ier, *Discours préliminaire.*

VII

INFLUENCE BONNE OU MAUVAISE DE QUELQUES-UNS DE NOS ROIS SUR LA FRANCE

FRANÇOIS Ier. — HENRI II. — CHARLES IX.
HENRI III. — HENRI IV.

Nous avons dit que, d'après l'admirable définition que saint Paul donne de la royauté, tout roi doit se considérer comme *le ministre de Dieu pour le bien* (1).

D'un autre côté, le poète latin a dit que *le peuple, sur toute la face de la terre, se modèle sur l'exemple des rois* (2).

Il suit de là que les rois doivent se regarder comme les pères de leurs peuples, comme leurs tuteurs, leurs

(1) Rom. XIII, 4.
(2) *Regis ad exemplar totus componitur orbis.* Virgile.

protecteurs et même leurs serviteurs selon le précepte du Christ : *que celui d'entre vous qui sera le plus grand* en honneur, en dignité, en puissance, *soit le serviteur de tous* (1).

Il résulte encore de ces principes ou de ces faits que les rois, s'ils ne veulent pas forfaire à leurs obligations, doivent être en tout les modèles de leurs peuples. Ils doivent se mettre en état de pouvoir leur dire comme le Christ-Roi disait à ses disciples : *Je vous ai donné l'exemple, afin que vous fassiez vous-mêmes ce que j'ai fait* (2). Il faudrait que toujours on pût dire à une nation, en lui parlant de son chef, comme Moïse disait au peuple Juif en parlant du serpent d'airain, élevé dans le désert à la vue de tout Israël : *Regarde et fais suivant le modèle qui t'est mis devant les yeux* (3).

Eh bien, nos rois, les rois de France, ont-ils été tous et toujours pénétrés de ces sentiments et dirigés par ces principes? Ont-ils eu tous et toujours de leur titre, de leur mission, de leurs obligations l'idée qu'ils devaient en avoir? Ont-ils tous et toujours exercé sur la France l'heureuse influence qu'ils devaient exercer? Ont-ils tous et toujours donné à leurs sujets les bons exemples qu'ils devaient leur donner? Ont-ils tous et toujours travaillé au bonheur du peuple par la sagesse de leur gouvernement?

(1) Marc. IX, 34.
(2) Joan. XIII, 15.
(3) Exod. XXV, 40.

Demandons à notre histoire la réponse à ces questions.

Et pour ne pas remonter trop haut, pour ne pas allonger démesurément ce chapitre, commençons notre revue, notre examen à la *Renaissance*, au règne de François Ier. Peut-être trouvera-t-on que c'est encore aller bien loin dans le passé. Mais les siècles sont les années d'une nation. Et d'ailleurs, avec le règne de François Ier a commencé une ère qui dure encore pour la France. Le mouvement qui s'opèra alors dans les arts, les lettres et les sciences a pris le nom de *Renaissance*.

Mais cette *Renaissance* n'a-t-elle pas été celle du paganisme? L'architecture, la sculpture, la peinture, les lettres n'ont-elles pas été plus païennes que chrétiennes, plus immorales que morales? Ne fût-ce pas sous son règne que le fameux Rabelais écrivit ces ouvrages qu'on ne lit que quand on veut perdre sa foi et donner à ses passions un grossier stimulant?

Quant à François Ier, malgré des qualités brillantes et chevaleresques, malgré des entreprises glorieuses, de grands travaux et de splendides monuments, il exerça sur la France une action plutôt pernicieuse que bienfaisante. Par ses mœurs dissolues, par ses excessives et folles dépenses, par sa passion effrénée pour la gloire et pour les plaisirs, il ne vérifia que trop la prédiction de Louis XII qui, voyant son inconduite et ses prodigalités, disait souvent de lui : *hélas ! mes amis, ce gros garçon gâtera tout.*

S'il n'a pas *gâté tout*, il a du moins gâté bien des choses; aussi « malgré tout l'intérêt qu'inspirent son héroïsme, sa bravoure et ses malheurs, la postérité inclinerait à ne voir en lui qu'un despote sans scrupule, sans mœurs et sans pitié, s'il n'avait pas été, comme il le fut, le père et la restaurateur des lettres. François Ier dépensa soit pour la guerre, soit en dons faits à ses favoris et favorites, à Guise et à Diane de Poitiers, tous les revenus de la couronne et laissa en mourant un déficit de 42 millions.

Ce fut lui qui établit l'impôt immoral de la loterie.

Henri II, fils de François Ier, continua en quelque sorte le règne de son père. Dominé par Diane de Poitiers qui avait été la maîtresse de son père, il prodigua à ses favoris et favorites les trésors de l'Etat et laissa un déficit de 40 millions, quoique, pendant son règne, le peuple eût été accablé d'impôts. Il afficha publiquement le scandale de sa vie privée. Car la belle salle dite *de Diane*, dans le château de Fontainebleau, étale partout aux yeux les chiffres entrelacés et les écussons unis de Henri et de Diane.

Charles IX n'est guère connu dans l'histoire que par les guerres de religion qui agitèrent son règne et dans lesquelles la politique eut bien plus de part que la foi.

Troisième fils de Henri II, Henri III fut un prince sans mœurs. Il donna à Paris le scandale de la vie la plus honteuse et la plus efféminée, partageant son temps entre des débauches effrénées et des pratiques de dévotion.

Sa conduite scandaleuse le rendit un objet de mépris pour les catholiques comme pour les protestants. Les mignons, unissaient à sa cour les mœurs les plus efféminées à la bravoure féroce du spadassin, le goût des plus infâmes désordres et des plus dégoutantes orgies aux manières les plus distinguées et à la plus somptueuse élégance. (1)

Les adultères, les meurtres, les incendies, les suicides étaient fautes vénielles. Les plus grands forfaits, les plus honteuses débauches n'étaient que légèretés et peccadilles dont on riait et dont on s'amusait.

Tels furent les exemples que la cour de Henri III donna à la nation.

Hâtons-nous d'arriver à Henri IV dit le grand ou le bon et qui mérita ces deux titres, ces deux surnoms ainsi que celui de *Père du peuple* dont il fut aussi honoré.

Peu de rois, si l'on en excepte saint Louis, ont compris et rempli aussi bien que lui les devoirs de la royauté.

Sans doute il eut des faiblesses. Les plus grands cœurs en renferment. Mais il eut des qualités et fit des actions qui le rendent à jamais digne de l'amour de la France et de l'admiration des siècles.

(1) Pour ce chapitre et pour les deux qui vont suivre nous emprunterons beaucoup aux *Grands Faits de l'Histoire de France*, par M. Emile Charles.

Il désira par dessus tous les autres rois le bonheur de son peuple. On connaît son souhait de *la poule au pot*.

Sincèrement pieux, il recourait souvent à Dieu par la prière. « Je demande tous les jours, disait-il, trois grâces à Dieu : l'une qu'il lui plaise de pardonner à mes ennemis ; l'autre de me donner victoire sur mes passions ; et la troisième de bien user de l'autorité qu'il m'a donnée et de n'en abuser jamais. »

Le jour même de sa mort, le vendredi 14 du mois de mai, jour triste et fatal pour la France, il alla sur les dix heures du matin entendre la messe aux Feuillants et on remarqua qu'il pria Dieu avec plus de ferveur et de dévotion que de coutume et plus longuement recommanda son âme à Dieu.

Au retour, la reine ayant prié le roi de ne pas sortir du Louvre le reste du jour : « Je me recommande à Dieu, lui dit-il, quand je me couche, je le prie de me conduire, quand je me lève ; tout le reste est entre ses mains. »

Telle était la piété de Henri IV ; aussi regardons-nous comme une calomnie l'impiété qu'on lui prête, lorsqu'on lui fait dire : *Paris vaut bien une messe*. Quoique ancien calviniste Henri IV montra toujours, depuis sa conversion, le plus grand attachement à la religion catholique et il en donna surtout des preuves par sa déférence à l'égard du Souverain-Pontife qu'il protégea de son influence contre l'ambition de César d'Est.

Tel fut Henri IV, *le seul roi dont le peuple ait gardé la mémoire*, comme l'a dit un poète, et à la mort duquel plusieurs personnes moururent aussi de douleur.

VIII

INFLUENCE BONNE OU MAUVAISE DE QUELQUES-UNS DE NOS ROIS SUR LA FRANCE

LOUIS XIII. — LOUIS XIV. — LOUIS XV.
LOUIS XVI.

Louis XIII ne donna aucun scandale à la nation : ses mœurs furent irréprochables. Mais nous ne voyons pas que, sous son gouvernement, on ait rien fait pour l'instruction et l'éducation du peuple. L'histoire a donné à Louis XIV le nom de grand et à son règne celui de grand siècle. Et il faut avouer que l'un et l'autre ont bien mérité ces titres.

Cependant il faut distinguer entre les deux parties de la vie de ce prince et les deux parties de son règne.

Dans la première période, le monarque et le royaume

s'élèvent au plus haut point de gloire et de puissance, à l'apogée de la grandeur. Louis XIV est, sous plus d'un rapport, le Salomon des temps modernes. Jamais, à aucune époque de son histoire, la France n'avait été aussi brillante au dehors ni aussi heureuse au dedans que pendant les vingt premières années du règne de ce grand prince. Chacun des actes de son souverain contribua magnifiquement à sa force et à son élévation.

Aussi jamais, en France, l'amour de la patrie n'avait été porté si loin, et c'est sans doute à ce développement de l'esprit public qu'on doit attribuer la perfection intellectuelle qui distingue ce règne mémorable. La religion en formait le fond ; et c'est dans elle que les lettres et les arts puisaient leurs inspirations admirables, c'est dans elle que les Français trouvaient ces sentiments sublimes qui les rendirent alors si grands.

Cependant, si, comme celle de Salomon, la première partie de la vie de Louis XIV fut vertueuse et sage, la seconde, comme celle aussi du fils de Bethsabée, fut ternie par des fautes malheureusement trop éclatantes et trop publiques. Louis XIV eut le tort de donner à son peuple de déplorables scandales en faisant asseoir près des marches du trône plusieurs dames de la cour, telles que les la Vallière, les Montespan, les Fontange, etc., etc.

Ces égarements durèrent jusqu'à la mort de la reine, en 1683, et après laquelle il montra une régularité de mœurs exemplaire et qui ne se démentit point.

Disons ici que, même dans ses écarts, Louis XIV fut toujours sincèrement et profondément religieux. Ses dernières paroles furent : *Mon Dieu, venez à mon aide ; hâtez-vous de me secourir.*

Louis XIV fonda, en 1682, la belle maison d'éducation de *Saint-Cyr* pour les jeunes filles d'anciens militaires, et, pour les hautes études, il établit dans les cours de la Sorbonne l'instruction gratuite.

C'est de cet acte que Rollin dit dans un discours qui précède son *Traité des Etudes* : « Le roi s'est montré par cette magnificence vraiment royale, le second fondateur de notre Université, le père des lettres et des hommes de lettres..... C'est par ces illustres prémices qu'il a voulu consacrer les commencements de sa vie et de son règne et se former par un si glorieux début à l'heureuse habitude de répandre les bienfaits. »

Nous ignorons si Louis XIV a fait quelque chose pour l'instruction du peuple.

Sous son règne, la Royauté et la France furent, comme nous l'avons dit, à l'apogée de leur grandeur et de leur gloire. Elles vont singulièrement descendre l'une et l'autre sous le règne de Louis XV.

Ce règne fut assurément un des plus pernicieux, un des plus immoraux et un des plus corrupteurs qu'ait eus la France dans sa longue existence. Corruption de l'esprit et corruption du cœur, voilà en deux mots le résumé de l'action qu'il exerça sur la nation. Il la perdit.

Louis XV fut le prince le plus vil et le plus scandaleux qui ait porté le sceptre de Charlemagne et de saint Louis. Indolent, paresseux, apathique, il usa la plus grande partie de sa vie dans les plus honteuses débauches. La vieillesse même ne put l'arracher à ses sales voluptés.

Le régent qui gouverna pendant sa minorité fut encore, s'il est possible, plus dépravé que le roi qu'il avait perdu.

Sous le nom du roi ou du régent, des ministres aussi ou même plus méprisables que leurs maîtres, Dubois, Richelieu, Choiseul, l'abbé Terray, administrèrent le royaume.

Des femmes qui affichaient publiquement leur déshonneur tinrent dans leurs mains souillées les destinées de la France.

La cour était comme un sérail dont Louis XV était le sultan abatardi. On l'avait qualifié de *Sardanapale dans la boue*.

L'épuisement du trésor, la dilapidation des finances, la misère du peuple qui alla jusqu'à la famine, les désastres publics, des revers multipliés, le mépris et la haine de la Royauté furent la suite et l'effet de ce débordement de vices.

D'un autre côté, l'impiété agita sa torche incendiaire.

Alors prit naissance un philosophisme impie et subversif qu'adoptèrent et propagèrent presque tous les écrivains de cette époque, dont les ouvrages sont empreints d'une haine profonde de la religion et d'une licence effrénée. Aussi, le christianisme, la foi, la morale, l'autorité, toutes les vérités, tous les devoirs, l'ordre social lui-même en furent ébranlés jusque dans leurs fondements.

Voilà ce que le règne de Louis XV a valu à la France.

Nous n'avons pas besoin de rechercher s'il a fait quelque chose de bon, d'utile pour le peuple et surtout pour son instruction et son éducation. Le souverain et ses ministres avaient bien autre chose à penser et à faire !

Louis XVI expia les fautes de son prédecesseur. Louis XV fut le coupable ; Louis XVI fut la victime. Il fut le Christ de la Monarchie en France et il eut son Calvaire.

L'infortuné monarque ne régna que dans une tempête qui l'enleva.

Dans un temps calme et serein, Louis XVI aurait été le meilleur des souverains et le père de son peuple.

A peine s'il eut le temps de laisser entrevoir tout ce que son cœur renfermait de bonté et de paternité. Dieu se hâta d'échanger sa couronne d'épines pour une couronne de gloire et son sceptre de roseau pour le pouvoir immuable des justes (1).

(1) *Judicabunt nationes, et dominabuntur populis.* SAP. III, 8.

IX

INFLUENCE BONNE OU MAUVAISE DES GOUVERNEMENTS DE LA FRANCE SUR LE PEUPLE DEPUIS LA MORT DE LOUIS XVI JUSQU'A CE JOUR.

1re RÉPUBLIQUE. — DIRECTOIRE. — CONSULAT. — 1er EMPIRE. — LOUIS XVIII. — CHARLES X. — LOUIS-PHILIPPE. — 2e RÉPUBLIQUE. — 2e EMPIRE. — 3e RÉPUBLIQUE.

Avec le règne de Louis XVI commença une époque de troubles, de tempêtes qui dure encore.

Il semble que le jeune monarque et la reine son épouse pressentaient les malheurs qui allaient, comme un affreux orage, fondre sur eux, lorsqu'en apprenant la mort de Louis XV, tous deux, par un même sentiment et un même mouvement, tombèrent à genoux, les yeux pleins de larmes, et s'écrièrent : « Mon Dieu,

« guidez-nous, protégez-nous, nous régnons trop jeu-
« nes ! »

Cependant les premiers actes de ce gouvernement furent marqués au coin de la bonté et de la sagesse et un de ses premiers projets fut de répandre l'instruction publique.

Dans les jours trop peu nombreux de son pouvoir, il ne donna par la pureté de ses mœurs que de bons exemples à son peuple. L'économie la plus sévère fut substituée, dans sa maison, à la dépravation et aux prodigalités du dernier règne.

Mais ce règne et le précédent avaient creusé un gouffre énorme, un épouvantable abîme au fond duquel Louis XVI fut englouti avec la Monarchie.

La nouvelle République épouvanta les âmes religieuses en déclarant la guerre à Dieu, en fermant et en profanant les églises, en emprisonnant, en exilant ou en massacrant les prêtres, en mettant, pour y recevoir d'infâmes hommages, des prostituées, sous le nom de *Déesses de la raison*, sur les autels du Dieu des vertus.

Partout on enseigna, on colporta *les droits de l'homme et du citoyen*, mais personne ne parla des *devoirs*.

Malgré la déclaration solennelle, faite par Robespierre, que le peuple français faisait à Dieu et à l'âme l'honneur de reconnaître l'existence du premier et l'immortalité de la seconde, ce gouvernement fut athée.

Il en fut de même du *Directoire*, qui donna en outre l'exemple de saturnales nocturnes et d'orgies telles que la République n'eut plus rien à reprocher à Louis XV ni au régent.

Le Consulat se confond et ne fait qu'un avec le premier Empire.

Napoléon Bonaparte ne fit point parade d'impiété. Il rappela les prêtres exilés ou émigrés, rouvrit les temples, releva les autels et voulut que pour chacune de ses victoires on rendit au Dieu des armées, dans nos églises, de solennelles actions de grâces.

Il voulut que la main de l'auguste Pie VII le sacrât empereur.

Malgré ses étonnants travaux militaires, législatifs et administratifs, Napoléon porta son attention sur l'enseignement public, sur les lycées, les colléges et les classes communales. Il ordonna qu'il n'y aurait plus, dans toute l'étendue de l'Empire français, qu'un seul et même catéchisme, et il adopta celui du grand Bossuet, évêque de Meaux.

Mais il attrista vivement les catholiques par son invasion de Rome et par sa conduite déloyale, irrespectueuse et même, dit-on, brutale, à l'égard du Souverain-Pontife.

Celui qui se sert de l'épée, dit l'Ecriture, *périra par l'épée* (1). L'épée avait ouvert à Bonaparte le chemin au trône, l'épée l'en fit descendre et Louis XVIII rentra dans le palais de ses pères. Il reprit le titre de

(1) MATTH. XXXI, 52.

roi très chrétien. Mais il fut, au fond, peu religieux et laissa toujours voir en lui l'élève des philosophes impies du dix-huitième siècle.

Il n'en fut pas de même de Charles X. Foncièrement pieux, il ne donna, sur le trône, aucun mauvais exemple.

Mais, comme son frère Louis XVI, il ne sut pas défendre son vaisseau contre l'orage; et son trône fut brisé par une émeute.

Louis-Philippe qui prit sa place aux Tuileries fut un bon père de famille, un bourgeois aimant les écus et peu religieux. Comme roi, il fut athée; car dans son règne de dix-huit ans, il ne donna pas un seul témoimoignage public de foi et ne rendit pas un seul hommage à la Divinité.

La seconde République avait fait tout en naissant acte de religion. Elle avait demandée de suite les prières et les bénédictions de l'Eglise; et les deux Assemblées qu'elle réunit comptèrent dans leur sein beaucoup de prêtres et d'évêques.

Cette seconde République n'eut que la durée d'un songe : un neveu de Napoléon Bonaparte eut l'adresse de l'escamoter. Nous laissons à d'autres de dire quelle fut l'influence ou l'action du second Empire sur la France. Plusieurs l'accusent de l'avoir corrompue par la mauvaise presse, la mauvaise littérature, la licence illimitée accordée aux théâtres, aux maisons de débauche, etc., etc. On dit qu'il favorisait sous main les écrivains impies et soudoyait, avec les fonds secrets, leurs ouvrages. Il dépouilla, au profit de Victor-Emmanuel, son complice, le Souverain-Pontife des deux tiers de ses Etats et il le soutenait à Rome. Il avait eu l'orgueil de Nabuchodonosor ; il en eut aussi la chute et la honte.

Sous ce gouvernement un ministre de l'instruction publique se donna beaucoup de mouvement, fit beaucoup de réglements, écrivit mille circulaires. Fit-il faire à l'instruction de grands et véritables progrès? On lui appliqua ces vers de Phèdre :

Est Ardelionum quoddam genus,
Multa agendo nihil agens.

« Il y a une espèce de gens appelés *Ardélions* qui ne font rien, tout en se donnant beaucoup de mouvement. »

La troisième République vient de naître. La guerre, et une guerre terrible, l'a d'abord presque exclusivement occupée.

Cependant quelques-uns de ses principaux agents ont déjà révélé leurs vues touchant l'instruction. Ils veulent la rendre obligatoire, ils n'y parviendront pas! Ils veulent la rendre athée! Dieu veuille, dans l'intérêt de la France et du monde, qu'ils n'y réussissent pas !

Hélas! depuis trois siècles et demi (356 ans), la France a eu bien des rois, des empereurs, des consuls, des ministres, en un mot, des gouvernants. Ont-ils tous été pénétrés de la grandeur, de la noblesse, de la sublimité, de la sainteté, nous pourrions même dire de la divinité de leur mission? Ont-ils tous été des *ministres de Dieu pour le bien* (1)? Ont-ils tous travaillé, les uns après les autres, à la gloire de Dieu et au vrai bonheur de la France?

La revue rétrospective que nous venons de faire ne nous révèle que trop combien, depuis Louis XII, le plus grand nombre de ceux qui ont gouverné la France ont eu peu de souci de sa grandeur morale, combien peu ont travaillé sérieusement, efficacement à *élever* le peuple, à lui donner ces exemples, ces principes, ces leçons de religion, de morale, qui font les hommes et les peuples honnêtes.

Quand leurs propres (et souvent honteux) plaisirs, quand les satisfactions de leur orgueil et de leur ambition ne les ont pas absorbés entièrement et exclusivement, ils ont donné leurs soins et employé leur pouvoir à des guerres avec des nations voisines ou éloignées, à des agrandissements de territoire, à des constructions de palais, de châteaux, etc. Mais peu, très peu ont consacré leurs efforts à faire fleurir les vertus religieuses et sociales et à extirper les vices du cœur de la nation.

Quant à nos législateurs, ils font des réglements administratifs! Ils ne font pas des lois!

(1) Rom. XIII, 4.

X

ACTION OU INFLUENCE DE LA BOURGEOISIE SUR LA CLASSE OUVRIÈRE ET LA CLASSE PAUVRE

Depuis la révolution de 1789, il n'y a plus guère d'aristocratie que celle des hauts fonctionnaires, des banquiers et des gros commerçants.

Au-dessous, au second degré de l'échelle sociale est la bourgeoisie, riche des biens provenant de la noblesse, du clergé, de l'industrie, de l'agiotage et du commerce. A elle les maisons commodes, les beaux jardins, les riches ameublements, les tables bien servies, les mets exquis, les vins fins, les fermes, les forets, les portefeuilles bien garnis, les emplois lucratifs, les honneurs, les dignités, l'instruction, en un mot, tout ce que l'Ecriture nomme *la graisse de la terre*. Avec cela quelle influence n'a-t-elle pas nécessairement sur la classe ouvrière et sur la classe pauvre ?

Elle tient dans sa main le sort et le pain de l'ouvrier et de ses enfants. Elle tient surtout la vie du pauvre.

Elle peut donc beaucoup pour le bien ou pour le mal.

Or, il est avant tout de son intérêt d'user bien de l'influence que lui donnent tous ses avantages.

Qu'elle ait donc tout d'abord des principes religieux et moraux et que par ses sentiments pieux, par la pureté de ses mœurs, par la bonté de son cœur, par sa générosité et sa libéralité, elle donne le ton aux classes inférieures.

L'a-t-elle fait ? Le fait-elle ? Hélas ! nous ne signalerons que ce que tout le monde voit, que ce qui est un fait universel en France : la bourgeoisie, presque tout entière, est impie, voltairienne et matérialiste.

A peu d'exceptions près, elle ne donne (nous parlons ici des hommes) aucun signe de religion. Pour elle point de jours saints. On ne la voit point dans nos temples. Elle ne tient, dans son intérieur, nul compte des lois de l'Eglise. Chez elle plus de prière ! Dieu est banni de ses foyers !

Ses mauvaises doctrines et ses mauvais exemples, les journaux impies qu'elle soudoie et les livres qu'elle répand ont perdu les classes inférieures. La corruption descend toujours de haut en bas.

Qu'est-il arrivé de là? C'est que la bourgeoisie, ayant tué dans les masses la foi, la crainte de Dieu, la croyance à une vie future, ces masses n'ont plus pour les retenir dans la route et la voie du bien, de la justice et de la probité le frein le plus puissant, celui de la conscience. Elles ne voient plus que la terre et ne convoitent plus que les jouissances de la terre. Elles jettent sur la fortune du riche un œil cupide. « Pour-« quoi, se disent-elles, les uns auraient-ils tout et les « autres rien? Pourquoi ne partagerait-on pas, à por-« tions égales, les biens de ce monde? Pourquoi les « uns sont-ils dans l'abondance quand les autres man-« quent de tout? Pourquoi les uns commandent-ils « quand les autres obéissent? »

De là les ardentes convoitises de la foule, la haine contre les riches, le rêve du partage des biens, le socialisme, le communisme, les grèves des ouvriers. De là, pour un grand nombre, les émeutes, les révolutions. De là les dangers que court sans cesse la société et qui menacent à la fois les personnes et les choses.

O vous donc qui êtes les privilégiés de la Providence, montrez-vous-en reconnaissants envers cette même Providence. Marchez à la tête de la société par vos vertus exemplaires. Vous la sauverez et vous vous sauverez vous-mêmes, car en la perdant vous vous perdez. Sans cesse on vous entend vous plaindre qu'on vous vole en mille façons, en mille manières! Vous accusez vos ouvriers, vos manœuvres, vos domestiques, vos servantes, d'être sans zèle, sans dévouement, sans probité!.... A qui la faute? N'est-ce pas à vous qui avez détruit dans leur cœur tout principe de justice et d'équité en y étouffant la foi? Leur improbité est votre œuvre! Ne vous en plaignez pas!....

XI

ÉTAT DE LA CLASSE OUVRIÈRE ET DE LA CLASSE PAUVRE

Dès le commencement Dieu a dit à l'homme pécheur qu'à partir du jour de sa désobéissance la terre serait maudite dans son œuvre, qu'il ne mangerait de ses fruits, durant tous les jours de sa vie, qu'avec un grand travail; qu'elle ne lui produirait plus d'elle-même que des ronces et des épines, et qu'il mangerait son pain à la sueur de son front, jusqu'à ce qu'il retourne dans la terre d'où il a été tiré (1). »

Telle est l'origine, telle est la cause de ce travail pénible, et quelquefois mortel, qui fait des jours de l'homme sur cette terre *des jours de mercenaire* (2).

(1) GENES. III.
(2) JOB. VII, 1.

Tous les hommes sont soumis à cette loi, à cette peine du travail. L'homme, dit Job, est né pour travailler comme l'oiseau pour voler (1).

Seulement le travail n'est pas le même pour tous. L'inégalité se trouve ici comme dans tout le reste.

Il n'y a pas d'ailleurs qu'une sorte de travail. La tête a ses travaux aussi bien que les bras; et le travail de la pensée n'est pas moins pénible, pas moins fatigant que les travaux du corps.

C'est donc une grande erreur au peuple et à ce qu'on appelle *les classes ouvrières* que de croire qu'elles seules travaillent, parce qu'elles seules remuent et cultivent la terre, façonnent les métaux, tissent les étoffes, construisent les maisons, portent les fardeaux, etc., etc.

Est-ce que tous ces jeunes gens qui, depuis l'âge de huit à neuf ans jusqu'à celui de vingt à vingt-cinq ans s'enferment dans les colléges, les lycées, les séminaires, les écoles de médecine, de droit, etc., ne travaillent pas aussi! Est-ce que le notaire, l'avocat, l'avoué, le juge, qui étudient les lois pour les appliquer selon les circonstances ne travaillent pas aussi? Est-ce que le prêtre qui compulse les écritures, les Pères et Docteurs de l'Eglise, les ouvrages des théologiens, qui prêche, qui confesse, qui instruit les enfants, qui visite les malades, qui expose sa vie dans les épidémies ne travaille pas aussi?

Que les classes dites *ouvrières* ne croient donc pas

(1) V, 7,

que la loi du travail n'est faite que pour elles! Qu'elles ne croient pas qu'elles seules y sont soumises.

Sans doute elles portent souvent et bien péniblement le poids du jour et du travail. Mais c'est la condition générale de la société.

Et puis, si le travail a ses épines, il a aussi ses fleurs; s'il a ses souffrances, il a aussi ses fruits, ses récompenses.

Par lui l'homme paie sa dette a la grande famille humaine. L'homme contribue au bien-être de ses semblables, comme ses semblables contribuent à son propre bien-être. Par le travail l'homme s'élève, s'ennoblit. Par le travail l'homme embellit et adoucit son existence.

Ah! ce qui rend misérable la vie de l'ouvrier, ce n'est pas le travail; c'est l'inconduite, la gourmandise, l'ivrognerie, l'intempérance! C'est là la cause de la misère des classes laborieuses.

Voilà pourquoi ces classes sont sans logement, sans vêtements, sans linge, sans meubles et quelquefois sans pain! Faites disparaître l'ivrognerie; supprimez les cabarets, et vous changez le sort de la classe ouvrière! Vous lui rendez sa dignité, son honneur, sa probité que la débauche lui fait perdre.

Quant aux pauvres, Jésus-Christ l'a déclaré; *il y aura toujours des pauvres sur la terre* (1). Oui, *il y aura toujours des pauvres,* parce qu'il y aura toujours des infirmités physiques, intellectuelles et morales;

(1) MATTH XXVI, 11.

il y aura toujours des pauvres, parce qu'il y aura toujours des inégalités dans la santé, dans l'intelligence, dans la volonté ; *il y aura toujours des pauvres*, parce qu'il y aura toujours des revers, des contre-temps, des fléaux, des malheurs qui pèseront inégalement sur les hommes. Et surtout *il y aura toujours des pauvres*, parce qu'il y aura toujours des vices et des hommes vicieux, des paresseux, des gourmands ; car ce sont là (on ne saurait trop le dire), les deux causes les plus ordinaires de la misère, de l'indigence.

Voyez la plupart de ces hommes, de ces femmes, de ces enfants qui du matin au soir, sont à vos portes, qui vous assaillissent dans les rues, qui vous tendent leurs mains amaigries, qui promènent çà et là leurs vêtements en lambeaux, leurs misérables haillons ; qui a fait toutes ces misères? L'ivrognerie, l'intempérance et sa sœur la paresse !

Que la classe pauvre renonce donc à ses mauvaises habitudes ; et la plaie du paupérisme, si elle ne disparait pas, sera bientôt moins large, moins profonde, moins hideuse, moins effrayante.

Législateurs, gouvernements, faites donc tout votre possible pour guérir cette plaie, faites des réglements sévères contre les cabarets et veillez à leur exécution ! Diminuez-en le nombre et vous aurez bien mérité de la société tout entière.

XII

DE L'AFFAIBLISSEMENT DU POUVOIR EN FRANCE

Une des principales causes de l'état déplorable où nous sommes tombés, tant sous le rapport religieux que sous le rapport politique et social, c'est certainement le peu de respect qu'on a, en France, pour le pouvoir.

Nous avons dit, après l'apôtre, que *tout pouvoir vient de Dieu* et que *c'est résister à Dieu que de résister au pouvoir* (1). Nous avons encore cité ce passage de nos livres saints : *c'est par moi que les rois règnent, et que les législateurs élaborent de sages lois* (2).

D'après cet enseignement divin, l'origine de tout

(1) Rom. XIII, 1, 2.
(2) Prov. VIII, 15.

pouvoir est en Dieu. C'est en Dieu que toute puissance et toute autorité humaine a sa racine (1).

L'athéïsme et le déisme ou l'incrédulité sous le nom de philosophie ayant donc ou nié Dieu ou rompu et brisé tout lien, tout rapport avec lui, ont, par là même, enlevé à l'autorité humaine sa céleste et divine origine. Dans leur doctrine, le pouvoir ne vient plus, n'émane plus, ne découle plus de Dieu : il a sa source et son principe dans l'homme.

Et on voit de suite combien, dans ce système, le pouvoir perd de son prestige, de sa noblesse et de sa dignité. On voit combien il devient moins respectable. Il ne peut plus être l'objet d'un culte, d'une religion. Il n'est plus qu'une affaire de convention, qu'on peut toujours, par les motifs ou sur les prétextes les plus légers, les plus frivoles, annuler et casser à volonté.

De là les révolutions, les émeutes et les insurrections incessantes qui bouleversent la France depuis bientôt un siècle.

Le pouvoir, en France, a été amoindri, affaibli, diminué comme jamais et nulle part il ne l'a été.

Il l'a été et il l'est d'abord dans la famille. A quatorze ou quinze ans (et même avant), les enfants sont rois chez eux ; ils arrachent des mains de leur père et de leur mère le sceptre de l'autorité. Les enfants commandent, ordonnent : Les parents obéissent.

Dans la famille encore, c'est à peine si les maîtres,

(1) *Ex quo omnis paternitas in cœlis et in terra nominatur.* EPHES. III, 15.

si les maîtresses osent donner des ordres à leurs serviteurs et servantes ; et c'est à peine si ces serviteurs et ces servantes croient devoir obéir et reconnaître à leurs maîtres le droit de commander.

Dans la commune, l'élection des maires, des adjoints des conseillers municipaux par leurs concitoyens met les premiers dans un état réel de dépendance et d'infériorité par rapport aux derniers qui délèguent, qui transmettent, qui prétent pour ainsi dire le pouvoir sans cependant s'en désaisir entièrement.

Dans l'*instruction publique*, dans les pensions, les colléges et les lycées, en quels termes méprisants, injurieux et grossiers les élèves ne parlent-ils pas de leurs maîtres. Avec quelle insolence ne leur répondent-ils pas ! Et combien n'avons-nous pas vu, dans ces dernières années, de colléges et de lycées en état d'insurrection !

L'obéissance des soldats aux officiers est l'âme de la discipline militaire et le principal élément de la force des armées. Or cette obéissance est-elle en France, est-elle parmi nos troupes ce qu'elle devrait être ! Et sous ce rapport, comme sous bien d'autres, les Prussiens, nos ennemis, ne nous ont-ils pas fait la leçon ? Ne nous ont-ils pas donné l'exemple ?

Enfin, dans l'Etat, les rois, les empereurs, les chefs de gouvernements ne sont plus d'après les principes philosophiques des mandataires de Dieu, mais ils deviennent des mandataires du peuple, de la nation ou d'une partie de la nation. Ils ne relèvent plus de Dieu mais du peuple qui les élit ou les tolère, qui les met à sa tête ou qui les y endure jusqu'à ce qu'il lui plaise de les renverser du trône ou de les en laisser tomber.

De là, depuis près de quatre-vingts ans, depuis ce qu'on appelle *les immortels principes de* 1789, l'amoindrissement du pouvoir monarchique et de tous les pouvoirs sociaux en général. Les couronnes sont mal assises sur la tête des rois, le sceptre vacille dans leurs mains et leur trône est sur un volcan toujours en ébullition, toujours prêt à les engloutir.

Il arrive de là que la faiblesse, la langueur est l'état normal, l'état chronique du pouvoir. Il est sans force, sans énergie et comme paralysé.

Sans doute il faut lui ôter, autant que possible, la faculté de faire le mal, de dévier et de forfaire à sa destination. Il faut l'empêcher de devenir abusif, despotique, arbitraire et tyrannique; mais il faut aussi qu'il soit fort et puissant *pour le bien* (1), fort et puissant contre le mal et contre les méchants. Il faut qu'il soit fort et puissant pour protéger la religion, la morale, le bon ordre, la paix, les personnes et les droits de tous; qu'il soit fort et puissant contre les ennemis de la société, contre les fauteurs de troubles, les hommes d'anarchie, de désordre, contre les incendiaires, les voleurs, les brigands, et, en un mot, contre tous les artisans de crimes.

Et cependant qu'a-t-on fait, en France, depuis

(1) *In bonum*. Rom. XIII, 2.

quatre-vingts ans? Affaiblir le pouvoir, désarmer le pouvoir, lier les mains au pouvoir.

Sous prétexte de clémence, de tolérance, de liberté, on est plein de pitié, de mansuétude pour le crime, on n'ose pas le punir! et on livre la société, on abandonne les honnêtes gens aux plus mauvaises passions. On enhardit, on encourage les pervers et on fait trembler les bons!

Que de déclamations n'a-t-on pas faites contre la peine de mort! Combien peu de gens osent en frapper même les plus grands criminels et l'appliquer même aux forfaits les plus affreux et les mieux constatés!

Quel est le résultat de cette faiblesse, de cette mollesse? C'est de multiplier le nombre des victimes et d'augmenter celui des scélérats en diminuant la sévérité de la loi et de la peine.

Sans doute, l'homme n'a pas par lui-même droit de vie et de mort sur son semblable; mais ce droit, il le tient de Dieu à qui il appartient essentiellement, radicalement, et qui le transmet à l'homme pour certains cas déterminés par la législation des peuples.

Que ceux donc qui tiennent le glaive osent s'en servir, non pas, nous le répétons, pour le mal, mais *pour le bien, car ce n'est pas pour rien,* dit saint Paul, *que la main du prince est armée* (1). *N'accepte pas les redoutables fonctions de juge,* dit l'Ecriture, *si*

(1) *Non enim sine causa gladium portat.* Rom. XIII, 4.

tu n'as pas la force de résister, comme un mur d'airain, à l'iniquité (1).

La fermeté est donc une des premières vertus et un des premiers devoirs de tout dépositaire du pouvoir.

Pas de despotisme! dirons-nous à tous ceux qui ont en main l'autorité, pas de despotisme et pas de tyrannie! mais de l'énergie! et quand l'intérêt de la société l'exige, sachez-en déployer, *viriliter agite, et confortetur cor vestrum* (2).

Mais n'oubliez pas cette grande et salutaire maxime : *mieux vaut prévenir que punir.* Par votre vigilance et celle de vos agents, par une surveillance active et incessante, rendez, autant que cela dépendra de vous, le crime impossible. Honorez, récompensez bien plus ceux qui empêchent les crimes que ceux qui les signalent, qui les dénoncent à la vindicte des lois.

Et puis, soyez toujours justes, impartiaux. Tenez d'une main ferme la balance de la justice, et, pas plus que Dieu, n'ayez de préférence pour personne (3).

Que le pouvoir soit toujours équitable ; mais aussi qu'il soit toujours ferme !

L'état de la France le demande! Tous les honnêtes gens le demandent! Les méchants seuls s'élèvent contre cette fermeté, parce qu'elle les gêne, parce qu'elle les

(1) *Noli quærere fieri Judex, nisi valeas virtute irrumpere iniquitates.* Eccl. VII, 6.

(2) Ps. XXX, 25.

(3) *Non est apud Deum personarum acceptio.* Coloss. III, 25.

bride, parce qu'elle met un frein à leurs passions subversives et ce sont précisément leurs déclamations et leurs insurrections contre l'énergie du pouvoir qui en prouvent la nécessité.

Tant que, chez nous, le pouvoir sera attaqué, harcelé, bafoué, honni, calomnié, conspué comme il l'est dequis quatre-vingts ans, tant qu'on laissera à la caricature, aux clubs, aux pamphlets, aux journaux la liberté de l'insulte, de l'outrage et de la calomnie contre l'autorité; tant que l'opposition pourra librement et impunément pousser à la révolte et à l'insurrection, la France ressemblera à un vaisseau sans gouvernail et sans lest, battu par tous les vents et sans cesse exposé à périr. Tous les liens sociaux se rompront. Nous serons la fable et la risée de nos ennemis, la honte de nos amis, l'étonnement du monde entier, et nous aurons finalement le sort des nations qui ont disparu de la carte du globe et qui n'ont plus de place que dans l'histoire.

Voulons-nous donc ne pas périr, voulons-nous sauver la France, restaurons-y le pouvoir à tous ses degrés. Faisons en sorte qu'il y soit respecté et que chacun soit pénétré de cette maxime éminemment politique, éminemment sociale que *tout pouvoir vient de Dieu* et que *résister au pouvoir, c'est résister à Dieu lui-même* (1).

(1) Rom. XIII, 1, 2.

XIII

NÉCESSITÉ D'UNE RESTAURATION MORALE DE LA FRANCE

Nous avons vu, dans le cours de cet ouvrage, que la France est tombée bien bas à tous les points de vue et sous tous les rapports, sous le rapport religieux, sous le rapport moral, sous le rapport politique, sous le rapport social.

Et que n'aurions-nous pas à dire encore si nous voulions l'envisager sous le rapport militaire, sous le rapport littéraire, sous le rapport artistique? Que de plaies, que de contusions, quelle lividité cadavéreuse nous aurions à signaler!

Mais plus le mal est grand, plus il faut s'empresser d'y apporter remède. Plus la France est malade, et plus il faut tâcher de la guérir, si nous ne voulons pas qu'elle meure. Plus elle est abaissée, humiliée, et plus tous ceux qui l'aiment doivent s'efforcer de la relever. Plus elle est affaiblie et plus il faut travailler à lui rendre des forces.

Or, ce sera là la tâche, la grande tâche, la tâche bien difficile, mais aussi bien glorieuse (s'il réussit) du pouvoir (quel qu'il soit et quel que soit son nom), qui va tenir les rênes de l'Etat.

Qu'il s'appelle *Monarchie* ou qu'il s'appelle *République*; que nos gouvernants soient des rois, des princes ou de simples citoyens, peu importe! pourvu qu'ils sauvent la Patrie, qu'ils la retirent de l'abîme, qu'ils guérissent ses plaies et qu'ils réparent ses malheurs.

Et pour cela, qu'ils soient bien pénétrés eux-mêmes des grands principes qui sont la vie des sociétés. L'incrédulité n'est bonne à rien, surtout dans le gouvernement. Les fortes croyances donnent, au contraire, une grande énergie, une grande vigueur à l'âme. « Si vous aviez de la foi seulement comme un grain de senevé, dit Jésus-Christ, vous diriez à cette montagne : transporte-toi d'ici là! et elle s'y transporterait, et rien ne vous serait impossible (1). »

Sincèrement, profondément imbus de ces sentiments, que nos gouvernants les fassent passer dans les masses. Qu'ils emploient à cette œuvre moralisatrice et civilisatrice tous les moyens dont ils disposent.

Nous l'avons dit et qui plus est nous l'avons prouvé : les précédents gouvernements ont beaucoup trop né-

(1) MATTH. XVII, 19.

gligé nous ne dirons pas l'*instruction* mais l'*éducation* du peuple. Ils ont trop-négligé de lui inspirer le respect de soi-même et des autres, le désintéressement, l'esprit de sacrifice et d'abnégation, l'amour de la vertu, la haine du vice, l'horreur du crime, en un mot, ces mâles vertus qui élèvent l'homme au-dessus de sa nature affaiblie et dégradée, au-dessus de lui-même.

Ah ! un ancien a dit : *c'est le cœur qui rend éloquent* (1). C'est le cœur aussi qui rend fort, courageux, invincible. Faites donc qu'un peuple, qu'une nation ait du cœur, et ce peuple et cette nation sera toujours à la hauteur des événements, toujours grande, toujours forte et toujours digne d'elle-même.

Que nos gouvernants, quels qu'ils soient, fassent donc une guerre impitoyable à tout ce qui peut amollir, énerver, gâter et corrompre le cœur ; car tout ce qui corrompt, affaiblit et finit par ronger, par détruire. La fin de toute corruption, c'est la destruction, c'est la mort !

Voulons-nous donc que la France, notre chère France, redevienne forte et puissante ? Hommes du pouvoir, purifiez les lettres, les arts, les mœurs. Faites mieux que n'ont fait plusieurs de nos anciens rois et notamment les François Ier, les Henri III, les Louis XIV, les Louis XV et le dernier empereur, sous le règne duquel la peinture, la sculpture, le théâtre, la mau-

(1) *Pectus est quod disertum facit.* QUINTILIEN.

vaise presse, la littérature à deux sols, les feuilletons immoraux ont gangrené la France dans tous ses membres, dans toutes ses parties. Nous ne désirons pas, nous ne demandons pas une forme de gouvernement plus qu'une autre : pour nous et à nos yeux une bonne Monarchie est préférable à une mauvaise République, comme une bonne République est préférable à une mauvaise Monarchie.

Mais ce que nous désirons, dans l'intérêt de notre pays, c'est un gouvernement sage, juste, honnête et ferme.

Que ceux qui seront à sa tête ne professent pas publiquement l'athéïsme et qu'en vertu de la liberté des cultes ils ne croient pas devoir n'en rendre aucun à Dieu.

Qu'ils respectent et qu'ils fassent respecter la liberté en réprimant la licence sous quelque forme qu'elle se montre.

Surtout, que nos gouvernants donnent toute leur attention à l'éducation de la jeunesse.

Nous avons fait voir qu'il ne faut pas compter, pour cela, sur les parents, sur la famille, et que les prêtres et instituteurs sont impuissants à réussir seuls dans cette grande entreprise.

Que le gouvernement fasse donc tout ce qu'il pourra pour cette œuvre capitale. Notre jeunesse, en général, laisse tant à désirer ! Elle montre si peu de sentiments élevés ! Elle a si peu de tenue et de décence dans les manières, si peu de réserve dans les discours, si peu de respect pour tout ce qui est respectable, si peu de sérieux dans les idées, si peu de dignité et de noblesse dans les mœurs !

Que le pouvoir, nous l'avons dit, diminue *de beaucoup* le nombre des cabarets, de ces maisons pernicieuses où l'ouvrier va, et le jour et la nuit et dans les temps prospères et dans les jours mauvais, s'avilir, s'abrutir, se dégrader, oublier qu'il est homme, qu'il est chef de famille, qu'il est époux, qu'il est père et qu'il dépense là en débauches les fruits de son travail, tandis que son épouse et ses enfants sont sans pain, sans vêtements et à la charge de la commune et de la charité publique.

Que la surveillance du pouvoir sur ces maisons, vraies plaies de notre société, soit donc sévère, et qu'elle extirpe, autant que possible, les maux dont ces établissements sont pour la France la source trop féconde !

Quel gouvernement sage et moral pourrait préférer quelques revenus financiers, obtenus par l'avilissement et la dégradation de tout une classe de citoyens, aux vertus de cette même classe, à la paix, au bien-être et au bon ordre d'une multitude innombrable de familles ?

On a accusé de ce crime le dernier gouvernement, dont la tolérance, en ce point, était, surtout à la fin de son règne, une véritable connivence.

Que le gouvernement, qui va lui succéder, ne le suive pas dans ces funestes errements. Corrompre, avilir pour régner est une politique infâme et machiavélique.

Que celle de nos futurs gouvernants soit de régner ou gouverner pour relever, assainir, restaurer, faire fleurir les vertus et extirper les vices, en un mot, de rendre les Français heureux en les rendant vertueux : car pour les nations comme pour les individus le bonheur n'est que dans la vertu, et ce serait en vain qu'on le chercherait ailleurs.

Autrefois, sous l'influence et l'empire du sentiment chrétien, tout ouvrier qui avait un peu de cœur et des principes religieux se disait : « J'ai un père et une « mère qui sont vieux ou qui vont l'être ; il faut que « je travaille et que j'économise pour les nourrir, « comme ils m'ont nourri moi-même. » Et l'ouvrier travaillait et économisait, et il remplissait un des plus doux devoirs de la nature, de la religion et de la reconnaissance.

Aujourd'hui, sous l'influence et l'empire de l'athéïsme, les ouvriers se disent : « Buvons, mangeons, « amusons-nous ! Quant à nos vieux parents, les *Filles « de la Charité*, les *Petites-Sœurs des Pauvres*, les « bureaux de Bienfaisance, les hospices et les com- « munes en prendront soin. Encore une fois, buvons, « mangeons, amusons-nous et n'ayons souci que de « nous-mêmes ! »

O gouvernants, inspirez, dans la mesure de vos moyens (et ces moyens sont grands !), inspirez d'autres sentiments à la classe ouvrière et pénétrez-la bien de cette parole d'un grand docteur : « Si vous n'avez pas nourri votre père, votre mère dans le besoin, vous les avez tués (1). »

Hélas ! la piété filiale a baissé parmi nous comme tous les autres sentiments !

Hommes du pouvoir, ranimez-la ainsi que tous les sentiments nobles et généreux !

(1) *Si non pavisti, occidisti.* S. AMBROSIUS.

XIV

DE LA FERMETÉ ET DE LA FAIBLESSE DANS LE GOUVERNEMENT

Si les hommes étaient des anges, s'ils n'avaient ni défauts ni vices, s'ils n'avaient qu'à suivre doucement et nécessairement la pente d'une nature toujours portée au bien, la force, la fermeté n'aurait pas sa raison d'être dans le gouvernement. Elle cesserait d'être une vertu nécessaire et un impérieux devoir pour tous les gouvernants.

Mais malheureusement il n'en est pas ainsi.

Par le penchant d'une nature viciée dans son origine, l'homme est porté au mal, au vice, au désordre, dès l'enfance. Et il lui faut de la force et de la fermeté pour résister à ce penchant, à ce funeste entraînement.

Que s'il s'y laisse aller, s'il n'y résiste pas, il faut

que la société se mette en garde contre tout ce qui, du côté de ces passions individuelles, peut porter quelque atteinte à ses droits, à sa sécurité. Il faut que la société prévienne et empêche, autant que possible, les délits et les crimes, et il faut qu'elle les punisse quand ils seront commis.

De là la nécessité d'un gouvernement ferme, énergique et vigoureux pour empêcher le mal ou pour en punir les auteurs selon la gravité des fautes.

Nul gouvernement, nulle société n'est possible sans cela ; et ce n'est pas seulement aux juges et magistrats qui siégent sur les tribunaux qu'il est dit : *ne cherche point à devenir juge, si tu n'as pas la force de briser l'iniquité, de peur que tu ne redoutes peut-être la face de l'homme puissant, et que tu ne perdes ta vertu par ta faiblesse* (1). Non, ce n'est pas seulement aux magistrats qui rendent la justice, qu'il est ordonné d'être fermes, c'est à tous les dépositaires du pouvoir, rois, empereurs, chefs d'Etats, ministres, préfets, généraux, etc. Tous ont à commander à des hommes dont plusieurs obéissent à des instincts pervers, dont plusieurs sont esclaves de passions anti-sociales. Tous donc, s'ils ne veulent pas forfaire à leur mission, manquer à leur devoir, trahir la société, doivent montrer de l'énergie pour résister aux méchants, aux ennemis et aux perturbateurs de l'ordre.

Sans doute il faut de la prudence, de la bonté, de la clémence, mais il faut trop souvent aussi de la

(1) Eccl. VII, 6.

sévérité. Il y a des natures qui sont incorrigibles et desquelles il ne faut attendre aucun amendement.

Qu'alors la société imite le médecin qui n'hésite pas à sacrifier un membre gangrené pour sauver tout le corps.

Nous l'avons déjà dit et nous le répétons ici : depuis quatre-vingts ans le pouvoir, et non-seulement le pouvoir royal, mais tout pouvoir, quel qu'il soit, est détrôné en France. Le pouvoir n'est plus chez nous l'objet d'aucun respect.

Et non-seulement il n'est plus respecté, révéré, mais il est sans cesse en butte à toutes les attaques. Les livres, les journaux, les clubs, les chansons, les caricatures, les sociétés secrètes, tout lui fait une guerre acharnée, une guerre à mort.

Dans cet état que doit-il faire? Céder? Reculer? Ah! depuis quatre-vingts il n'a pas fait autre chose! Il n'a fait que lâcher pied devant l'opposition. Qu'a-t-il gagné par ces mille et une concessions? L'opposition s'est-elle jamais déclarée satisfaite? N'a-t-elle pas, au contraire, sans cesse formulé de nouvelles exigences? Après un sacrifice fait à ses mauvaises passions, n'en a-t-elle pas voulu un autre et n'a-t-elle pas toujours dit au pouvoir : « Apporte, apporte à mes convoiti-« ses, à mon ambition un nouvel holocauste, *affer*, « *affer!* »

C'est donc en vain, hommes du pouvoir, que vous vous flatterez de désarmer l'opposition, disons mieux l'insurrection par des concessions. Vous ne ferez que la rendre de plus en plus exigeante. Elle est insatiable, elle est un gouffre que rien ne peut combler ; et les concessions, au lieu de l'apaiser, ne font qu'irriter sa faim et sa soif de destruction.

Certes, nous ne voulons pas de la tyrannie. La tyrannie, c'est l'abus du pouvoir pour le mal. Mais nous voulons de l'énergie, de la fermeté pour le bien. Nous voulons (et ainsi l'exige la vie même de la société), nous voulons un pouvoir qui soit fort et énergique pour le bien. Que le pouvoir soit sage, mais qu'il soit ferme.

Et que tous les gouvernants méditent cette parole d'un puissant écrivain et d'un profond penseur : « La première concession que fit l'infortuné Louis XVI à l'insurrection, fut la révolution tout entière ! Sur un trône on ne recule pas ! derrière, il n'y a que des abîmes (1). » Or, ce n'est pas derrière le trône, c'est-à-dire derrière le pouvoir royal seulement, c'est derrière tout pouvoir social qu'il n'y a que des abîmes.

La France en fait l'expérience depuis quatre-vingts ans ! Que de pouvoirs publics sont venus sur la scène les uns après les autres ! Quel a été leur sort ? Royauté constitutionnelle de Louis XVI, République de 93, Directoire, Consulat, premier Empire, Restauration, Gouvernement de Juillet, République de 1848, second Empire, tous ces pouvoirs différents ne sont-ils pas tombés les uns sur les autres comme des châteaux de cartes qu'un seul souffle renverse ?

(1) Lamennais. *Mélanges. Le 21 Janvier.*

Qu'est-ce donc, qu'est-ce donc qui protégera le pouvoir, qui sauvera le pouvoir et avec lui la société? La fermeté, l'énergie, la vigueur pour le bien contre le mal.

Et ici qu'il nous soit permis de dire avec la liberté d'opinion dont l'opposition se fait sans cesse un drapeau, qu'une des institutions les plus hostiles au pouvoir, à Paris surtout, c'est incontestablement celle de la Garde nationale. Son origine est révolutionnaire; son esprit sera toujours révolutionnaire; ses tendances seront toujours révolutionnaires. Le même arbre produit toujours les mêmes fruits. Les révolutionnaires d'hier sont les pères des révolutionnaires d'aujourd'hui et ceux d'aujourd'hui seront les pères des révolutionnaires de demain.

Qu'on nous dise quand est-ce que la Garde nationale de Paris a défendu le pouvoir. Est-ce en 93? Est-ce en 1830? Est-ce en février 1848? Est-ce dans les malheureuses journées de juin de cette même année? Sont-ce les officiers de la Garde nationale qui sont tombés sous les balles des insurgés? et les Négrier, les Bréa et douze autres généraux appartenaient-ils à la Garde nationale?

Et dans les jours de la Terreur, en septembre 1792, a-t-elle donné signe de vie pour le maintien de l'ordre? S'est-elle montrée pour empêcher les horribles massacres de l'Abbaye, de la Forces, des Carmes, de la Conciergerie, etc.? A-t-elle fait de ses bataillons un rempart aux détenus contre les Cannibales de cette sanglante époque? N'a-t-elle pas présidé au supplice du roi-martyr, et ses tambours n'ont-ils pas couvert les dernières paroles de ce digne fils de saint Louis?

Et quelle a été sa conduite à l'égard du gouvernement actuel? Quel appui, quel secours lui a-t-elle donné? Comment l'a-t-elle défendu le 31 octobre, sur la place de l'Hotel-de-Ville? Comment l'a-t-elle protégé contre les émeutiers et les assassins du 18 mars? N'a-t-elle pas toujours fraternisé avec les hommes de trouble, d'anarchie et de désordre? N'a-t-elle pas toujours été un instrument à l'usage des factieux et des ennemis de la société? Qui n'a pas entendu les éloquentes plaintes du grand citoyen Jules Favre à propos de la conduite tenue par cette Garde dans les malheureux événements des 18, 19, 20 mars et jours suivants? Dans quel cœur français ses paroles n'ont-elles pas eu leur écho? Et qui n'a pas gémi avec lui de ce que cette Garde n'a pas compris son devoir et ne l'a pas rempli quand son honneur, sa dignité et le salut de la patrie l'exigeaient d'elle?

Non, non, jamais la Garde nationale n'a été un auxiliaire du pouvoir. Elle n'a été jamais pour lui qu'un embarras, quand elle n'a pas été un adversaire.

Que le pouvoir la supprime donc dans l'intérêt de la société dont il est la tête.

De quelle nécessité est cette institution?

Berlin, Vienne, Saint-Pétersbourg, Londres même dont la population est une fois plus considérable que celle de Paris, toutes ces capitales ont-elles une Garde nationale?

Pourquoi donc serait-elle plus nécessaire à Paris qu'elle ne l'est dans ces grandes cités?

Jamais la Garde nationale de Paris ne s'est mise du côté du pouvoir légal, quel qu'il fût; et jamais elle ne s'y mettra. Son passé répond de son avenir. Elle sera toujours un danger pour le pouvoir et pour l'ordre et jamais un auxiliaire sur lequel le pouvoir et l'ordre puissent compter.

Et ce que nous venons de dire de la Garde nationale de Paris, nous pouvons le dire de toutes les Gardes nationales des grandes villes, et même de toutes les Gardes nationales de France.

Un fait récent et sans réplique va le prouver. A Marseille, dans les troubles qui ont eu lieu fin mars et commencement d'avril, la Garde nationale, dit une dépêche de M. Thiers, *ne voulant pas* assumer la responsabilité d'une guerre civile... a fait une déclaration..... *l'armée va entrer en force à Marseille et tout terminer*.

Ainsi, la Garde nationale *n'a pas voulu* combattre l'émeute à Marseille. Et il en sera toujours et partout de même. La Garde nationale restera toujours et partout l'arme au bras ou la crosse en l'air en face des émeutiers, quand elle ne passera pas de leur côté et dans leurs rangs. *Ab una disce omnes*. Et alors à quoi servira-t-elle? à faire dépenser de l'argent au gouvernement pour équiper les gardes nationaux et à faire perdre à ceux-ci, dans des exercices inutiles, un temps précieux. Voilà tout le résultat de cette institution.

Quelle conduite a tenue, quelle énergie a montrée la Garde nationale dans les troubles et les émeutes de Lyon (1er avril, assassinat de M. de Lespée, préfet du Rhône), de Saint-Etienne, de Toulouse, de Narbonne, de Perpignan, de Limoges (assassinat du colonel du régiment de cuirassiers qui était cantonné dans le département)? Ah! on ne serait que trop fondé à lui demander compte de tous les meurtres qu'elle avait le devoir et le pouvoir d'empêcher et qu'elle a laissé commettre! On ne serait que trop fondé à lui crier comme autrefois Dieu à Caïn : *Où est Abel?*.... Et elle aurait encore moins que Caïn le droit de répondre : *Suis-je le gardien de mon frère?* Car elle avait la mission spéciale de *garder* toutes ces vies..... et elle ne les a ni défendues ni protégées efficacement.

Quand nous parlons ainsi nous donnons notre opinion et nous en assumons seul la responsabilité. Nous n'entendons la faire partager à personne, cette responsabilité, car nous n'avons mis personne dans la confidence de nos pensées et de nos sentiments.

Nous aimons notre pays et nous disons en toute franchise ce qui nous semble conforme ou contraire à ses intérêts.

Or, un pouvoir juste et ferme, un pouvoir sans faiblesse, sans mollesse, un pouvoir qui ne transige pas avec le devoir, qui ne pactise pas avec les mauvaises passions et ne recule pas devant l'émeute ni la violence, un pouvoir qui soit brave devant les ennemis du dedans comme le soldat doit l'être devant les ennemis du dehors, c'est ce qu'il faut à la France et ce qui, après Dieu, pourra seul la retirer de l'abîme où elle est, et où, chaque jour, elle va s'enfonçant davantage.

Et qu'a-t-on fait chez nous depuis quatre-vingts ans? Amoindrir de plus en plus le pouvoir, désarmer le pouvoir, annihiler le pouvoir. Sous prétexte de lui ôter la faculté de faire le mal, on lui ôte même celle de faire le bien. Sous prétexte de se mettre en garde contre ses écarts, on lui lie les pieds et les mains. A mesure que les passions arment, on désarme le pouvoir !

Comment, dans ces conditions, un pouvoir peut-il faire le bien ? Comment même peut il vivre? Un char peut-il marcher, quand des milliers d'individus lui mettent, comme on dit, *des bâtons dans les roues.* Ne nous étonnons pas des révolutions quotidiennes dont la France est à la fois le théâtre et la victime, et faisons des vœux ardents pour quelle ait enfin un gouvernement fondé, basé, appuyé sur la justice et sur la force.

XV

DU VRAI ET DU FAUX PROGRÈS

Nulle part et jamais on n'a tant abusé des mots qu'en France et dans les temps modernes. On a fait dire à un grand nombre d'entre eux précisément le contraire de ce qu'ils signifient dans leur acception propre et naturelle.

Les sectateurs de Luther et de Calvin et bien d'autres avec eux ont appelé *réforme* ce qui a été plutôt une *déformation* du christianisme.

On a donné ensuite le nom de *philosophie* (amour, étude de la sagesse) à des doctrines, à des principes diamétralement opposés à cette sagesse qui vient de Dieu et qui est la seule vraie sagesse.

Nos révolutionnaires ont appelé et appellent encore *liberté* la licence qui est l'ennemie née de la liberté, *fraternité* la haine, l'oppression des uns par les autres, des bons par les méchants, des gens honnêtes par ceux qui ne le sont pas.

On a surtout appelé *lumière* ce qui est la négation et l'absence de cette seule vraie lumière qui émane de Dieu, qu'un Père appelle le *soleil des intelligences* (1), et ainsi s'est renouvelé chez nous et de nos jours ce que le prophète Isaïe reprochait de son temps à certains Juifs d'appeler les ténèbres lumière et la lumière ténèbres (2).

Mais un mot dont on a peut-être bien plus abusé encore, c'est celui de *progrès.*

Le progrès, c'est-à-dire l'action d'aller, de marcher devant soi dans l'ordre spirituel et moral est une loi, un devoir pour la société comme pour l'individu.

L'homme naît dans un état de faiblesse physique et d'imperfection intellectuelle et morale dont, avec le temps, il doit sortir peu à peu. La nature et la grâce l'aident à en sortir, mais il doit coopérer de sa volonté et de ses efforts à rompre, pour ainsi parler, sa coquille. Il doit, dans la mesure de ses moyens, tendre sous tous rapports, à la perfection relative dont il est susceptible et capable.

Dans l'ordre surnaturel, cette perfection n'a rien moins que Dieu pour modèle et pour archétype. « Soyez parfaits, dit Jésus-Christ à ses disciples, comme votre Père céleste est parfait (3). » Et toute sa vie et

(1) *Sol intelligibilis.*

(2) *Ponentes tenebras lucem et lucem tenebras.* V, 20.

(3) Matth. V, 48.

jusqu'à son dernier soupir l'homme doit travailler à acquérir cette perfection qui n'aura, du reste, son complément, son couronnement que dans ce monde où il n'y aura plus rien d'imparfait, où tout ce qui est alliage, tout ce qui est impur sera aboli et disparaîtra, comme dit l'apôtre (1).

Comme l'individu, la société tout entière et toute nation ou fraction plus ou moins considérable de la société doit tendre à la perfection surnaturelle et morale dont elle est capable. C'est une loi essentielle, une loi fondamentale de la société. Et toute loi humaine qui favorise cette loi divine est une bonne et sage loi, comme toute loi humaine qui la contrarie est une mauvaise loi, une loi contre nature.

C'est donc un impudent mensonge et une odieuse calomnie que d'accuser l'Eglise, la religion d'être ennemie du progrès. Non! elle ne l'est pas! au contraire, elle prêche sans cesse le progrès, elle demande sans cesse du progrès. Seulement, comme elle est sage, elle sait mettre les divers progrès à leur place, elle sait distinguer les vrais progrès des faux, les progrès de premier ordre de ceux de second ou de troisième ordre, et elle ne met pas au premier rang ceux qui ne doivent être mis qu'à un rang inférieur.

Pour elle, le premier des progrès, pour les nations comme pour les individus, c'est celui qui consiste à

(1) 1 Cor. XIII, 10.

avancer dans la vertu, c'est celui de ces justes dont il est dit : *ils iront de vertus en vertus* (1).

Voilà, pour elle, le progrès par excellence, le progrès vraiment seul nécessaire et dont on pourrait dire : « Cherchez avant tout le progrès qui consiste dans la justice ou le règne de Dieu, et tous les autres progrès vous viendront comme par surcroit (2). »

Et maintenant les gouvernements en général ont-ils le moindre souci de celui-là? Que font-ils pour lui? Que font-ils pour le favoriser? Ah! excepté Clovis, Charlemagne, Robert, saint Louis, et peut-être encore deux ou trois autres rois, dans notre liste des souverains de la France, qui s'est occupé de ce progrès, disons mieux : quels sont ceux qui, par leurs mauvais exemples, par leur connivence avec l'impiété, ne l'ont pas entravé, empêché? Quels sont ceux qui ont travaillé sérieusement à faire avancer, à faire marcher et, comme on dit, *progresser* la France dans les vertus religieuses et morales! Demandez-le à notre histoire, elle vous répondra! et sa réponse sera un acte d'accusation contre presque tous ceux qui, chez nous, ont porté la couronne et se sont assis sur le trône.

Nous ne sommes pas en progrès, tant sans faut, sous ce double rapport? Ce livre l'a prouvé.

Mais y sommes-nous sous d'autres?

Ah! rien de plus commun, rien de plus ordinaire, rien même de plus banal que d'entendre parler de

(1) Ps. LXXXIII, 8.
(2) Matth. VI, 33.

progrès, vanter nos progrès et les chanter sur tous les tons.

Et cependant sommes-nous véritablement en progrès? Et en quoi y sommes nous?

Est-ce dans les arts? Est-ce dans l'architecture? quels sont les grands monuments dont notre génération aura doté la France? Est-ce par la peinture? Est-ce par la sculpture? Mais les œuvres de nos architectes, de nos peintres et de nos poètes contemporains peuvent-elles soutenir un instant la comparaison avec les cathédrales du moyen âge, avec les toiles des grands peintres, avec les statues des grands sculpteurs du siècle de Louis XIV?

Sommes-nous en progrès dans les lettres? Sous ce rapport, comparons-nous encore à ce désespérant siècle si justement appelé *le grand siècle* et en face duquel le nôtre est si petit.

Les sciences nous donneront-elles la palme que ne nous donnent ni les arts ni les lettres? Demandons-le aux savants eux-mêmes. Qui d'entre eux peut se croire supérieur à un Descartes, à un Malebranche, à un Pascal et à vingt autres savants de premier ordre?

Chateaubriand, Lamennais, Lamartine, Lacordaire, Ravignan, Berryer, étant morts, quels grands poètes, quels grands orateurs, quels grands littérateurs contemporains pouvons nous maintenant mettre en parallèle avec eux?

Comme écrivain et comme poète, Victor Hugo n'est

plus qu'une ruine qui a le malheur d'être seul à l'ignorer !

Nous ne dirons rien (et pour cause) de la supériorité du passé sur le présent en fait de science et d'habileté militaires.

En quoi donc, encore une fois, sommes-nous supérieurs à nos pères?

Est-ce en vertus, en foi religieuse, en probité morale (1), en tempérance, en amour du travail, en politesse et en urbanité? Ah! en tout cela, oui, en tout cela, décadence! décadence! Rien ne serait plus facile à prouver.

Cessons donc de nous vanter de nos prétendus progrès! Car si nous sommes de bonne foi, nous reconnaîtrons en rougissant, non-seulement que nous ne gagnons pas, mais que nous perdons, que nous n'avançons pas, mais que nous reculons, ce qui est un progrès à rebours, le progrès de l'écrevisse. Ah! nous ne nous en réjouissons pas! Loin de là, nous en sommes sincèrement attristé pour notre siècle et pour notre pays.

Car nous voudrions, de tout cœur, voir dans notre cher pays tous les progrès utiles, tous les progrès réels, tous les progrès compatibles avec la nature de l'homme ici-bas et avec ses destinées futures, tous les progrès qui sont la vraie grandeur d'une nation.

Et voilà les progrès que tous les gouvernements doi-

(1) Nous connaissons une libre-penseuse, alliée d'un des membres du gouvernement dit de la défense nationale, qui définit la conscience ou la probité « la vertu des imbéciles ». En voilà un progrès en morale!

vent favoriser sous peine de forfaire à leur mission providentielle et à leur devoir envers les sociétés dont tous les intérêts leur sont confiés et qu'ils trahissent en agissant différemment.

XVI

DE PARIS ET DE SON INFLUENCE

La France a pour capitale une ville aussi ancienne qu'elle même, une ville qui a, dans tous les temps, exercé sur le royaume tout entier et même sur l'Europe et l'Asie la plus grande influence.

Aucune ville, depuis l'ère chrétienne, ni Rome, ni Constantinople, ni Londres, ni Vienne, ni Saint-Pétersbourg, ni Berlin n'a eu ou n'a en ce moment sur le monde l'ascendant ou l'empire qu'exerce sur ce globe la capitale de la France.

L'influence de Babylone, de Ninive, de Thèbes aux cent portes, de la vieille Troie, de Carthage, d'Athènes et de l'ancienne Rome, ne fut rien en comparaison de la prééminence dont jouit, sous une infinité de rapports, la cité lutécienne dans l'univers entier.

Nous pourrions dire sans vanité comme sans exagération qu'elle est la reine du monde.

Par son antiquité, par ses arts, ses monuments, ses théâtres, ses savants, ses poètes, ses orateurs, ses écrivains, ses grands hommes en tout genre, elle tient le premier rang parmi toutes les cités modernes.

L'Univers tout entier est tributaire de Paris et lui emprunte ou lui achète ses produits intellectuels et matériels, ses idées, ses goûts, ses modes, etc.

Mais si notre capitale est la reine du monde, elle est loin et bien loin d'en être le modèle. Si, par beaucoup de choses, Paris est un flambeau, il n'est aussi que trop une torche incendiaire. S'il brille par sa richesse, par son luxe, il ne rappelle toujours que trop, sous le rapport moral, ce qu'il fut à son origine, une *ville de boue* (1).

Sans doute que Paris renferme dans son sein une multitude d'âmes d'élite, pures et ferventes devant Dieu comme des anges. Nulle part il ne se fait autant de bonnes œuvres qu'à Paris. Le fleuve de la charité y coule à pleins bords. Les actes les plus sublimes du dévouement, du sacrifice, de l'abnégation n'y sont pas remarqués, tant ils y sont ordinaires et communs.

Mais à côté de ces vertus, que de vices, que de crimes! que d'abominations! Paris n'est-il pas la sentine et l'égout du monde entier? Tout ce qui, dans son pays, a une tache au front ne s'y réfugie-t-il pas, n'y va-t-il pas cacher sa honte et son ignominie?

Aussi cette ville n'est-elle pas un perpétuel volcan

(1) *Lutetia* vient du mot latin *lutum*, qui veut dire *boue*, *limon*, *fange*.

dont les éruptions bouleversent toute la France ? N'est-elle pas un foyer toujours incandescent des plus mauvaises passions, un repaire effrayant des hommes les plus pervers et les plus scélérats ?

Quels crimes n'a pas vus Paris ?

A l'heure même où notre plume trace ces lignes (1), le sang coule dans cette capitale dont le pavé a été si souvent teint du sang de ses enfants. Deux de nos généraux viennent d'être fusillés, et leur mort ne nous rappelle que trop ces jours, de lamentable mémoire, où périrent dans la même ville quatorze de nos généraux et où une barricade devint pour un généreux prélat l'autel du sacrifice et de l'immolation.

O gouvernants présents et à venir, un trop grand nombre de nos rois et de nos gouvernements passés auxquels il faut adjoindre le dernier règne ont paganisé et corrompu Paris (2).

Les arts, les sciences, les lettres, les fonds publics, la littérature, la musique, la peinture, la sculpture, les sueurs de l'ouvrier, ils ont tout employé, tout fait servir à pervertir Paris et par lui toute l'Europe.

Puis est venue l'impiété sous le nom de philosophie ou de *libre-pensée* qui, par ses livres, ses journaux, ses feuilletons, ses clubs, ses professeurs d'athéïsme et

(1) Samedi, 18 mars 1871.

(2) Le dernier gouvernement a, dit-on, dépensé 64 millions pour la construction de l'*Opéra ;* et l'*état de ses finances ne lui permettait pas* d'augmenter de quelques francs les traitements de six, de huit, de dix, de douze cents francs dont il se contentait de *reconnaître l'insuffisance !* (Voir dans le *Moniteur* du 30 juin 1866, le compte-rendu de la séance du Sénat du 29.)

de matérialisme, a creusé un abîme, un épouvantable abîme où la ville de Clovis, de Charlemagne, de sainte Geneviève et de saint Louis est toujours près de s'engloutir.

O gouvernants, nous ne chercherons pas (ce serait bien vainement, nous le savons), nous ne chercherons pas à vous effrayer par la menace, pour Paris, d'une destruction, d'une ruine semblable à celle de Babylone, de Ninive, de Thèbes, de Carthage! Nous ne vous dirons pas : craignez pour notre grande ville le sort de ces cités autrefois si puissantes, si florissantes et dont il ne reste plus guère que le souvenir ; le voyageur, le savant découvrant avec peine l'emplacement qu'elles occupèrent : *Campos ubi Troja fuit.*

Mais nous vous conjurons au nom de la France, au nom même du monde entier, de faire tous vos efforts pour que Paris cesse d'être une menace, un danger pour toute la France ; pour que la contagion de ses mauvaises doctrines et de ses mauvaises mœurs ne se répande pas sur toute la face de la terre et n'aille pas la corrompre jusqu'aux extrémités du monde.

Ce n'est pas à nous à vous dire ce que vous devez faire pour cela. Ce n'est pas à nous à vous indiquer les moyens et les remèdes à employer pour que Paris ne soit plus un centre perpétuel d'émeutes, d'insurrections et de révolutions ; pour qu'il n'exale plus et ne répande plus sur la terre les miasmes pestilentiels des doctrines athées, impies, immorales et subversives de tout ordre et de tout gouvernement honnête, et enfin pour qu'il ne corrompe plus, comme il le fait depuis trop longtemps, cette jeunesse de tous les pays qui vient chercher dans son sein l'instruction et la science et qui, trop souvent, n'en remporte que la corruption de l'esprit et du cœur !

A la vue des plaies sans nombre dont cette ville est couverte depuis les pieds jusqu'à la tête, à la vue des crimes de tous genres qui la souillent devant Dieu, nous ne dirons pas (Dieu nous en garde !) nous ne dirons pas dans notre indignation *delenda est Carthago!* Nous ne demanderons pas à Dieu, comme voulaient le faire, au sujet de Samarie, quelques disciples du Sauveur, qui ne savaient pas, ainsi que le leur reprocha ce même Sauveur, de quel esprit ils étaient ; nous ne demanderons pas, disons-nous, à Dieu de faire descendre sur Paris le feu du ciel (1).

Nous ne lui appliquerons pas (à ce Paris), la menaçante prophétie d'Isaïe contre Babylone : « Cette ville, « si fière de sa force et de sa beauté, sera désolée et « changée en une vaste solitude où les troupeaux viendront paître et se reposer. Ses défenseurs seront « comme un amas de branches et de feuilles sèches où « des femmes mettent le feu (2) » ; ni celle du Sauveur à l'égard de Jérusalem : « Vois-tu ces grands « bâtiments, ces édifices somptueux, ces superbes mo-

(1) *Domine. vis dicimus ut ignis descendat de cælo et consumat illos.* Luc. IX, 54.

(2) *Civitas munita, desolata erit, speciosa relinquetur et dimittetur quasi desertum; ibi pascetur vitulus, et ibi accubabit, et consumet summitates ejus.* XXVII, 10.

« numents, eh bien, tout cela sera détruit, en sorte « qu'il ne restera pas pierre sur pierre (1). »

Oh ! non, nos vœux les plus ardents sont pour que Dieu conserve à la France sa belle capitale, la ville qu'ont illustrée et sanctifiée par leur présence et leurs vertus sainte Clotilde, sainte Geneviève, saint Landry, saint Louis et tant d'autres élus de Dieu qui, après avoir embaumé cette cité du doux parfum de leurs bonnes œuvres, sont allés briller au ciel comme des astres étincelants pour d'éternelles éternités (2), et qui doivent toujours aimer le lieu qui fut leur berceau, qui vit leurs saints combats et qui garde leurs cendres.

Mais nous dirons aux hommes du pouvoir : ceux qui vous ont précédés se sont presque tous voués exclusivement à l'embellissement artistique et matériel de Paris ! Un trop grand nombre d'entr'eux ont contribué à lui faire perdre toute beauté morale ! Vous, héritiers de leur puissance, consacrez vos efforts à lui donner cette beauté sociale, en y faisant fleurir la religion et les mœurs ; assainissez cette ville. D'une cité de boue au point de vue de la morale et des mauvaises passions qui fermentent dans son sein, faites une cité de marbre, c'est-à-dire une cité qui soit par la vertu, l'ordre et la paix la reine des nations et le modèle de toutes les grandes villes. Autant qu'il dépendra de vous, que les bons et sages principes y remplacent dans l'enseigne-

(1) *Vides has magnas ædificationes! non relinquetur lapis super lapidem, qui non destruatur.* Marc. XIII, 43.

(2) Sap. III, 7. Dan. XII, 3. Matth. XIII, 43.

ment les leçons de l'impiété, du matérialisme et de l'insurrection contre tous les pouvoirs. Donnez-nous un Paris véritablement chrétien et vous aurez, ô gouvernants, rendu un service immense à cette cité elle-même, à la France et au monde entier, *urbi et orbi.*

XVII

CONCLUSION

Au moment où nous allons terminer cet ouvrage et en écrire les derniers mots (le 30 mars), la malheureuse guerre de la France avec l'Allemagne est terminée. La paix, paix humiliante, paix honteuse, paix ruineuse vient d'être signée ; et le vainqueur nous enlève bien plus *d'une pierre de nos places fortes*, bien plus *d'un pouce de nos frontières!* des villes réputées imprenables sont tombées en son pouvoir. Il nous a pris des armées de plus de cent mille hommes ainsi que le chasseur prend dans ses filets de timides alouettes. Plus d'un tiers de nos provinces a été envahi. Presque tous nos engagements ont été des défaites, et comme ils nous en avaient menacé, nos ennemis ont abreuvé leurs chevaux, en plein Paris, dans les eaux de la Seine.

Voilà l'humiliation !

Quelle en est la cause ?

Ah ! nous ne la verrons pas seulement dans les fautes immédiates de l'ancien gouvernement, dans l'infériorité numérique de nos troupes, dans la supériorité de la cavalerie, de l'infanterie et de l'artillerie allemandes, dans l'habileté des généraux prussiens et l'ignorance et l'incapacité notoire de nos officiers de tous grades !.... Mais la première, la grande cause de nos revers, de nos malheurs, de nos désastres, nous la verrons dans l'abaissement des caractères par suite de l'irreligion et de l'immoralité.

Il n'y a plus, chez nous (il est triste de le dire), il n'y a plus, chez nous, ni élan, ni enthousiasme pour les choses les plus sacrées et les plus chères !

Ah ! dans d'autres temps de simples et pauvres religieux, armés seulement d'une croix de bois, soulevaient l'Europe et surtout la France par ce seul mot : *Dieu le veut !*.... Partout où ils passaient, les villes se vidaient et il n'y restait que les enfants, les femmes et les vieillards. Riches et pauvres, seigneurs et serfs ou manants, tout partait !....

A une époque plus rapprochée de nous, deux provinces seulement, la Vendée et la Bretagne, luttaient pour Dieu et leur roi contre la France entière, et, sans fusils, sans canons, avec des bâtons, des faulx et des fourches, elles tinrent tête aux armées républicaines et souvent les mirent en déroute.

Dans ce même temps, un seul homme, Carnot, levait

et organisait quatorze armées et faisait face à toute l'Europe menaçante et en armes. Puis nos soldats partaient et allaient jusqu'au Caire, jusqu'à Memphis !

Et cette année, qu'avons-nous vu ! L'indolence, l'apathie de la nation. A part quelques dévouements généreux, spontanés et relativement peu nombreux, on n'a guère vu partir que ceux qui devaient partir. La jeunesse elle-même n'obéit qu'à regret et le plus tard possible à la loi qui l'appelait sous les drapeaux.

Et sous ces drapeaux quelle incapacité de la part des chefs et quelle indiscipline de la part des soldats !

Nous avons vu des troupes françaises et des troupes allemandes ! et quelle différence pour la tenue et la discipline entre les unes et les autres !

Nos armées de la première République et du premier Empire ont-elles respecté les temples, les femmes et les propriétés, comme les Prussiens viennent de respecter tout cela chez nous ?

Ah ! j'en rougis pour mon pays ! mais nous sommes encore vaincus sous ce rapport !

Qu'est devenue, de nos jours, cette urbanité française, cette politesse qui donnait le ton à toute l'Europe ! quel mauvais genre que celui qu'on nomme *voyoucratie !* et comme il fait des progrès, comme il tend à se généraliser dans les villes et dans les campagnes !

On parle de *bas-empire !*.... La France va-t-elle en donner une seconde édition ? La France qui compte une existence de quatorze ou quinze siècles a-t-elle atteint l'âge de la décrépitude et touche-t-elle à sa fin ?

Hélas ! tout nous le fait craindre ! Son énergie se perd ! Les bons, les honnêtes gens sont sans courage ! ils se cachent ! Les méchants, les perturbateurs de l'ordre et de la paix, les hommes de la rue, ont seuls de l'audace !

Paris est un volcan toujours en ébullition et qui menace sans cesse le reste de la France ! Il l'a déjà maintes fois couverte de sa lâve. L'engloutira-t-il, quelque jour, comme autrefois le Vésuve engloutit Herculanum et Pompéia ?

Que Dieu préserve la France d'une pareille catastrophe !

Mais que cette France revienne aux principes qui sont la vie des sociétés, aux vertus religieuses et morales, aux doctrines catholiques, au respect de l'autorité, à la décence dans les mœurs, à un patriotisme franc, sincère, généreux et désintéressé, et nous verrons, pour parler le langage de l'Ecriture, nous verrons parmi nous *la justice et la paix se donner un saint et bienheureux baiser* (1).

C'est le désir le plus ardent de notre cœur et le but de cet ouvrage !

Puisse ce vœu être exaucé et ce livre atteindre son but !

FIN

(1) *Justitia et pax osculatæ sunt.* Ps. LXXXIV, 11.

TABLE DES MATIÈRES

DEUXIÈME PARTIE

Troyes — Imprimerie de J. BRUNARD, rue Urbain IV, 85.

www.ingramcontent.com/pod-product-compliance
Ingram Content Group UK Ltd.
Pitfield, Milton Keynes, MK11 3LW, UK
UKHW020121200726
13856UKWH00002B/666